사모 면허

나를 지명하여 부르신 영광스러운 사명

사모 면허

박인경 지음

규장

대부분 목회자의 사모들은 젊은 시절 청년부에서 가장 믿음이 좋고, 봉사도 많이 하고, 사람들의 칭찬을 듣던 귀한 자매들이 었습니다. 하지만 목회자와 결혼하였기 때문에 어쩔 수 없이 남편의 그림자 뒤에 있으면서 처녀 때의 열정과 재능을 억누르며 모든 성도들 앞에서 언행을 조심하며 살아야 하는 십자가를 집니다. 제 아내를 비롯한 수많은 이 땅의 목회자 사모들을 보며 저는 늘 미안하고 감사한 마음이었습니다.

그런 맥락에서 이번에 박인경 사모님이 펴내신 《사모 면허》는 이 땅의 수많은 사모들을 위로하며 명쾌한 방향성을 제시하는 양서라고 하겠습니다. "사모는 리더의 영을 가졌으나 주님과 남편 목회자를 따르는 팔로워의 태도로 무장한 사람"이라는 이 책의 핵심 주제는 너무나도 명료하게 성경적 사모의 정의를 내려줍니다. 이 책이 사모님들에게는 격려를, 성도님들에게는 사모님들을 이해하고 보듬어줄 수 있는 따뜻한 지침서가 되리라 확신합니다.

한홍 목사(새로운교회)

《부모 면허》 이후 4년 만에 쌍둥이 같은 책 《사모 면허》가 출간되었습니다. 평범한 엄마요 한 목회자의 아내로 살아가던 박인경 작가는, 어느 날 말로 설명할 수 없는 사고로 아들을 잃고, 남편마저 갑작스럽게 하늘나라로 보내야 했습니다. 인생의 폭풍우 앞에 마주 서서 그 시련을 온몸으로 감당한 삶으로 써내려간 책이 《사모 면허》입니다.

따라서 이 책은 어떤 비법이나 신통한 방법론을 다루지 않습니다. 이상적인 이론을 제시하는 책과도 거리가 멉니다. 지극히 상식적인 이야기에서 출발하며 본질적인 메시지를 담아내고 있습니다. 결국 사모의 이야기는 목사의 이야기이며, 목회자 가정의 이야기입니다. 이 책을 읽을수록 우리가 놓치고 있던 중요한 시선을 회복하게 됩니다. 그것은 바로 '하나님과의 관계'입니다. 저자는 사모의 정의를 "따르는 리더"라는 명징한 문장으로 표현합니다. 리더는 리더인데, 먼저 따르지 않으면 사모도, 리더도 될 수 없다는 것입니다.

누군가는 사모의 자리를 '영원한 가슴앓이'라고 표현하기도 합니다. '나는 사모가 될 거야'라는 마음으로 준비해서 사모가 되는 경우는 드뭅니다. 대개는 한 남자를 사랑했는데, 그 사람이 목회자였을 뿐입니다. 그렇게 준비되지 않은 채 목회 현장에 함께 뛰어들게 되고, 사람들이 '사모님'이라고 부르기 시작합니다. 마치 면허 없이 운전대를 잡은 느낌일 것입니다.

더구나 요즘 젊은 목회 세대의 아내들은 목회자인 남편을 직장인 정도로 이해하는 경우가 많습니다. 여기서 사모 역할의 왜곡이 일어납니다. 따라서 다시 한번 사모의 역할에 대한 기준점이 필요한 시점에서 이 책이 '사모론 2.0'과 같은 본질적인 지침서가 될 것입니다. 강력히 일독을 권할 뿐 아니라 한국 교회의 모든 목회자에게도 꼭 함께 읽어야 할 책으로 추천합니다.

송태근 목사(삼일교회)

"이 책이 좀 더 빨리 나왔다면…!" 출판사에서 보내준 원고를 읽으며 내가 던진 첫마디였습니다. 경상도 개척교회부터 지난 35년의 세월이 주마등처럼 지나면서, 소리 없이 울고 있던 아내의 모습이 아른거립니다. 나도 어떻게 해야 할지 몰랐는데, 아내는 오죽했을까요? 목사를 사랑한 죄(?)밖에 없는데, 얼떨결에 '사모 (師母)'가 되어 모든 이를 '사모'(思慕)해야 했으니.

그래서 《사모 면허》의 출간이 너무도 기쁩니다. 저자가 경험한 아픔과 눈물은 이 땅의 모든 사모들과 한국 교회를 향한 주님의 선물이 되었기 때문입니다. 목사가 읽어도 이렇게 감동이 되는데, 우리 사모님들은 어떨까요? 지금도 보이지 않는 곳에서 기도하며 헌신하는 모든 사모님들에게 이 책은 주님이 주시는 가장 따뜻한 위로의 편지가 될 것입니다.

사모님들뿐만 아니라 사모님들에게 일생의 빚을 지고 있는 모든 목사님들에게도, 사모님들의 가족들과 사모님을 위해 중보하는 교우들에게도 틈입(闖入)하시는 주님의 온기가 느껴질 것입니다. '어쩌다 사모'가 아닌 너무도 귀한 사모들이기에, '어쩌다 그리스도인'이 아닌 각자의 삶의 자리로 부름받은 그리스도인들이기에, 모든 분들께 정중히 일독을 권합니다.

장찬영 목사(강남중앙교회)

교회를 개척하고 기도와 전도와 사역에 몰두하다보니 뭔가 중요한 일상을 놓치고 있었습니다. 바로 하나님이 원하시는 관계와 소통으로 가족과 성도들의 마음을 돌보는 일이었습니다. 그때 '박인경 사모의 부모학교'에서 저자를 만나 강의를 듣고 상담을 받게 되었습니다. 가정과 교회에 대한 상담을 받으며, 저자를 통해 제게 들려주고 싶으신 '하나님의 마음'을 알게 되었고, 하나님과 성도 앞에 죄송하여 많은 회개의 눈물을 흘렸습니다.

《사모 면허》는 사모들을 향한 하나님의 마음을 전하는 책입니다. 성도를 '내가 가르쳐야 할 대상'으로 보는 것이 아니라 '내가 얻어야 할 한 영혼'으로 보는 관점의 변화와, 그들의 마음을 얻고 위로하는 소통 기술을 배우고 익힐 수 있도록 도와주는 책입니다. 사모로서 오래전에 받은 사명에 순종할 수 있는 길을 열어줍니다. 사모의 영성과 삶의 실제가 조화를 이루게 하는 귀한 책이 많은 사모님들의 손에 들려져, 따뜻한 하나님의 마음과 지혜로 충만해지는 축복을 누리기를 바랍니다.

공미영 사모(미래소망교회)

20년 전, 제가 스태프로 섬기고 있던 단체에 사모 세미나 강사로 오신 박인경 사모님을 처음 뵈었습니다. 박인경 사모님은 밤새도록 사모들의 눈물을 닦아주시며 위로해주시고, 따뜻하게 안아주시던 사랑의 사역자셨습니다. 시간의 흐름 속에 더욱 깊어진 그 사랑이 《사모 면허》라는 책 속에 고스란히 담겨 있음에 감동을 받았고, 귀한 사모님과 만날 수 있도록 허락하신 하나님께 감사한 마음이 들었습니다.

목회자의 아내라는 자리에서 자신에게 맡겨주신 영혼들을 절실하게 사랑하고, 섬세하게 보듬어야 했던 상황을 보며 책을 읽는 내내 가슴이 뜨거워질 수밖에 없었습니다. 어떤 장면에서는 사모로서의 삶과 그 처절함이 느껴져 가슴이 찢어지는 것처럼 아파서 눈물을 참을 수 없었고, 또 어떤 장면에서는 그 상황이 매우 따뜻하고 행복하게 느껴져 미소를 숨길 수 없었습니다. 무엇보다 한 영혼을 사랑하는 열심과 열정이 그대로 전달되어 가슴이 콩닥콩닥 뛰는 설렘 또한 느꼈습니다.

이름 없이 빛도 없이 주님의 몸 된 교회를 세우기 위해 애쓰고 헌신하며, 맡겨주신 한 영혼을 섬기고 사랑하기 위해 자신과 가정을 희생하며 몸부림치는 이 땅의 많은 사모님들에게, 사모의 길이 홀로 걸어가는 외롭고 어려운 길이 아닌, 같은 길을 걷는 수많은 기도의 동역자가 함께하고 있음을 느끼며, 위로받고 다시 힘차게 그 길을 걸어갈 수 있도록 새 힘을 주는 책이 되기를 기도합니다.

이안나 사모(송도 로고스교회)

나의 사랑, 내 어여쁜 자야, 일어나서 함께 가자!

부모는 세상 모든 리더들의 리더이다. 저 멀리 세종대왕이나 링컨은 위인이 될 수는 있지만 우리의 리더가 되기는 어렵다. 그런 의미에서 자녀 앞에서 한발 앞서 걸어가며 삶의 뒷모습을 통해 선택과 가치관을 보여주고, 자녀가 힘들 때 손 내밀어 잡아주고, 기도해주는 부모야말로 '자녀와 가정의 리더'이다.

한편, 사모는 가정의 리더인 동시에 교회의 리더이다. 한 교회 안에서 성도들과 함께 믿음의 길을 걸으며, 목회자 가정이 살아내는 삶의 모습을 보여주어 그 선택과 가치관으로 성도들에게 용기를 주고, 성도들과 함께 기뻐하며 그들이 힘들고 슬플 때 간절한 중보의 손을 모으는 사모는 '성도들과 교회의 리더'이다.

리더는 리더인데, 매우 독특한 리더이다. 목회자인 남편처럼 앞에 나서서 성도들을 이끌고 가르치는 리더가 아니다. 한마디로 정의하면 '리더의 영'을 가졌으나 주님과 교회는 물론이고, 목회자인 남편을 따르는 '팔로워(follower)의 태도'로 무장한 리더이다.

그렇기에 사모는 심리적으로 더 건강해야 한다. 하나님과 깊은 교제로 훈련되어 있으면서, 배우자는 물론 많은 성도들과 건강하고 좋은 관계를 맺고 살아가야 한다. 그러기 위해 사모는 배우고 익혀야 할 것이 있다. 부모가 그렇듯 사모도 하나님의 관점으로 무장해야 하며, 하나님이 기대하시는 그 역할에 꼭 필요한 기술을 배우고 훈련받아야 한다는 말이다. 그것이 이 책의 제목인 '사모 면허'에 담긴 의미이다.

이제 무얼 하며 살아야 하나요?

2011년 1월 3일, 담임목사였던 남편이 갑자기 소천했을 때 나는 마치 이인삼각 경기를 하던 파트너가 넘어진 것처럼 앞으로 걸어갈 수 없었다. 그렇다고 큰 충격에 빠진 성도들과 자녀들 앞에서 나까지 주저앉을 수도 없었다. 망연자실한 상태로 오직 '하나님은 선하신 아버지'이심을 잊지 않으려고 몸부림쳤다.

남편이 하늘나라로 떠난 지 6개월쯤 되었다. 사모로 살았던 지난 25년 동안 나는 무척 행복했다. 그런데 이제 사모로서의 사명이 끝난 것이라면 나는 무엇을 하며 살아야 하나 싶은 상념에 잠기곤 했다. 그즈음 힘들어하는 내게 주님이 자주 귀에 들리도록 말씀하시곤 했다.

어느 날 나는 주님께 여쭈었고, 주님의 대답이 들려왔다.

"저는 이제 무얼 하며 살아요?"

"조국 교회를 살려 달라고 네가 기도했잖니?"

"네 그랬죠. 하지만 지금은….."

"네 생각에 조국의 교회들은 어떻게 살릴 수 있겠니?"

"조국의 교회들이요? 음, 목회자들이 살아나야 하지 않을까요?"

"그 목회자는 어떻게 해야 살리는데?"

나는 갑자기 쏟아지는 주님의 질문에 자신이 없어 기어들어가는 목소리로 답했다.

"제가 아는 바로는… 목회자의 가정을 먼저 살려야 할 것 같아요."

"그럼 목회자의 가정은 어떻게 해야 살릴 수 있겠어?"

"목회자의 가정을 살리려면… 제 생각에는 우선 사모님들을 살려야 해요."

그 순간 갑자기 '빙고! 맞았어!'라고 하시는 듯한 분위기만을 남긴 채 주님은 사라지셨다. 나는 어안이 벙벙했다.

'설마 나더러 사모 사역을 하라는 건 아니시겠지? 남편이 있어야 사모인 거고, 사모 사역도 하는 거지. 남편도 없는데… 말도 안 돼!'

교회에 신임 목사님의 내정 소식이 들려올 때쯤, 행여 우리 가정이 새로 오실 목사님과 성도들에게 누가 될세라 나와 아이들은 정든 교회를 떠나 먼 곳으로 이사를 했다. 새로 이사한 곳에 적응하기도 전에 지인들을 통해 학교와 병원, 문화원, 교회 등에서 강의와 상담 제안이 하나씩 들어오기 시작했다.

그동안 교회 안에서 성도들을 상담하고, 말씀 묵상과 부모 자녀 간의 의사소통 기술 등을 안내해왔는데, 이제 교회 밖에서 그 일들을 하게 된 것이다. 앞으로 무엇을 하며 살아야 할지 전혀 짐작도 할 수 없었지만, 나는 그저 내가 할 수 있고 내 앞에

주어지는 일들을 하기 시작했다.

사모 사역의 시작

그렇게 7년 정도 부모 교육과 부모 상담 코칭을 진행하는 동안 주님은 그 일에 깊이 관여하시며 총 3학기로 진행되는 '박인경 코치의 부모학교'를 구성해주셨다. 그리고 현재까지 여러 교회와 줌(ZOOM)을 통해 온라인으로 강의와 훈련이 진행되고 있다.

그러던 어느 날 문득 이런 생각이 들었다.

'주님이 분명히 사모에 대한 사역을 하라는 말씀을 주신 적이 있는데…. 생각해보니 지금 부모 사역만 하고 있네. 그동안 까맣게 잊고 있었구나.'

그런데 그 생각과 동시에 주님이 빛처럼 강렬한 깨달음을 주셨다. 부모학교의 커리큘럼이 곧 사모학교 커리큘럼의 모판이라는 깨달음이었다. 그러나 어디서 어떤 형태로 사모님들을 도울 수 있을지 그 방법과 길은 보이지 않았다.

그러던 중 부모학교에서 강의하고 훈련하던 내용을 정리하여 《부모 면허》(규장)라는 책을 출간하게 되었다. 《부모 면허》는 현재 '박인경 코치의 부모학교' 1학기 교재로 사용되고 있으며, 크리스천 부모들에게 꾸준히 읽히고 있다. 그런데 뜻밖에도 하나님은 2021년 4월 19일 《부모 면허》가 출간되던 날, 《사모 면허》라는 책의 제목을 미리 알려주시며 이 책을 집필할 것을 말씀하셨다.

교회 사모에 관해 책을 쓰는 일은 정말 두렵고, 어렵고, 하고 싶지 않은 일이다. 심지어 참고할 만한 도서조차 거의 없는 분야다 보니, 도무지 엄두가 나지 않았다. 하지만 하나님께서는 이런 내 마음을 아시고 《사모 면허》라는 책의 제목부터 알려주셨기에, 끝내 순종하는 마음으로 이 책을 집필하지 않을 수 없었다. 책이 출간되면 '박인경 사모의 사모학교' 1학기 교재로 사용될 것을 나는 이미 알고 있다.

사모와 부모의 공통점

《사모 면허》는 《부모 면허》와 쌍둥이 같은 책이다. 부모와 사모 간에는 공통점이 많다. 대부분의 부모들이 별다른 준비 없이 부모가 되듯이, 사모들도 많은 공부와 준비를 거쳐 목회자가 된 남편과는 달리, 별다른 준비 없이 사모가 되는 경우가 많다. 사모님들을 만나보면 "저는 정말 아무 준비 없이 사모가 되었어요"라고 고백하곤 한다.

그리고 '부모'에게 가장 큰 기쁨이자 아픔이기도 한 '자녀'가 있듯이, '사모'에게는 가장 큰 기쁨이자 아픔이기도 한 '성도'가 있다. 자녀는 부모가 얻어야 할 한 영혼이듯이, 성도는 사모가 얻어야 할 한 영혼이다. 자녀가 부모의 손을 잡고 교회에 다닌다고 이미 얻은 영혼이 아닌 것처럼, 성도들도 교회에 출석한다고 해서 이미 얻은 영혼들이 아니다. 언제든지 세상에 빼앗길 수 있음을 기억해야 한다.

목회자들이 한 영혼을 얻기 위해 얼마나 애쓰고 힘쓰는지를 사모들은 누구보다 잘 알고 있다. 쪽잠에 빠진 고단한 남편의 얼굴에서 한 영혼을 위한 그들의 절절한 노고를 볼 수 있지 않은가! 성도라는 한 영혼을 우리 곁에 보내신 주님 앞에서, 목회자인 남편뿐 아니라 사모 역시 그 영혼을 잃지 않으려고 몸부림치며 깨어 있어야 한다. 부모가 이 땅에 내 자식이 아닌 '하나님의 사람'을 남기고 떠나야 하듯이, 사모도 '하나님의 사람'을 이 땅에 남기고 떠나야 하는 선교적 존재이다.

사모라는 이름으로

그런데 사모의 상황과 형편은 참으로 다양하다. 주님과 교회와 남편의 목회를 위해 평생을 오직 무릎으로 내조하며 살아온 많은 사모들이 있는가 하면, 또 작은 교회 안에서 남편과 함께 부교역자처럼, 때로는 사찰집사처럼, 교회 내의 크고 작은 일들을 도맡아 감당하는 사모들도 있다. 또 '남편이 목사이지 나를 목회에 부르신 것은 아니다'라며 사모이지만 사모의 역할을 받아들이기 힘들어하는 사모들도 있다.

교회가 목회자에게 사례도 제대로 할 수 없어 평생 직장에 다니며 교회와 가정을 부양하는 사모들도 있다. 전문직에 종사하는 사모들도 있고, 육체적으로, 혹은 정신적으로 건강이 좋지 않은 남편 목회자의 곁을 지켜야 하는 사모들도 있다. 특수목회를 감당하는 사모들, 태어난 지 얼마 안 된 어린 자녀를 독박 육아로 키우느라 남편이 원망(?)스럽기까지 한 젊은 부교역자의 사모들까지….

똑같은 '사모'라는 이름으로 불리지만, 그 상황과 형편의 스펙트럼은 참으로 넓고 판이하다. 과연 이렇게 다양한 사모들의 형편과 처지에도 불구하고, 모든 사모에게 보내는 하나님의 메시지를 발견할 수 있을까? 과연 교회의 사모들은 하나님에게 어떤 존재이며 어떤 의미일까?

고달픈 사모를 향한 하나님의 애달픈 메시지

나는 반려견이나 특수견들이 나오는 TV 프로그램을 자주 찾아보곤 한다. 반려견이나 특수견들이 주인에게 깊은 사랑을 느끼며 충성을 다 하는 모습을 보면, 나도 하나님 앞에 그렇게 살고 싶은 간절한 마음이 들곤 한다.

한번은 경찰견으로 수고했던 '레오'라는 세퍼드의 은퇴식이 방송된 적이 있다. 레오는 체취증거견으로 활동하며 산과 바다와 무너진 구조물 등을 수색하고, 사람이 들어갈 수 없는 위험한 상황 속에서 수많은 시신과 실종자와 조난자, 방화범과 폭발물 등을 찾아내고 구출한 명견이었다. 레오의 동료 중에는 독사에게 물려 싸늘한 주검으로 은퇴식을 치른 경찰견도 있었다. 그저 사람을 살리는 충성되고 멋진 경찰견의 이야기라고 하기에는, 하나님 앞에서 나의 옷깃을 여미게 하는 은퇴식이었다.

레오를 8년간 훈련시키고 레오와 함께 출동하며 생사고락을 함께했던 레오의 핸들러 김도형 경위가 늙은 레오에게 직접 쓴 손 편지를 읽어갈 때였다. 나는 마치 주님이 늙어가는 내게 주시는 말씀 같아서 소리 내어 흐느끼고 말았다. 그 편지가 흡사 이 땅에서의 생명이 끝나고 하나님 앞에 섰을 때 들려주실 주님의 말씀 같았다. 그리고 이 땅의 모든 고달픈 사모에게 보내는 하나님의 애달픈 메시지 같아서 가슴이 먹먹했다.

"레오야, 너와 함께했던 모든 날들이 내겐 기쁨이고 감동이었어. 네가 없었다면 그 많은 일들을 해내지 못했을 거야. 하지만 요즘 마음이 무겁단다. 나는 너와 함께여서 행복했는데, 너는 어땠을까 하고 말이야. 나의 선택으로 시작된 너의 삶이 혹 고달픔으로, 때론 슬픔으로 기억되지는 않을까 해서…. 이젠 늦잠도 마음껏 자고, 일도 하지 말고, 네가 하고 싶은 것 마음껏 하며 건강하게 살기를 바라."

동물이지만 누군가를 구하고 살리는 삶을 살았던 한 경찰견의 은퇴식에서 생사고락을 함께했던 핸들러가 읽어준 송사를 들으며, 하나님께서 사모들에게 들려주시는 아가(雅歌)가 내 귀에 들리는 듯했다.

나의 사랑, 내 어여쁜 자야
일어나서 함께 가자 아 2:10

내가 너를 선택함으로 나와 함께
좁고 험한 길을 걸으며,

내가 너를 선택함으로 나와 함께
빛도 없고 이름도 없는 길을 가며,

내가 너를 선택함으로 교회에 둔 나의 이름을 위하여
인내의 길을 걷는 여인 중에 어여쁜 자여!

내가 그 고된 길에 너를 불렀으므로

나는 행복하였으나 너는 어땠을지.

나는 네 안에 거하리니
너도 나의 가장 깊은 곳에 거하라.

그 때에 너의 수고는 생명에 이르리니
나의 사랑, 내 어여쁜 자야,
일어나서 나와 함께 가자.

박인경

✯ ★ ★ ★ ✯

차례

사모가 배우고
익힐 것이 있다

사모의 치유가
곧 사역의 준비다

04 사모의 관계가
사역 그 자체이다

05 사모 면허 1
전문적인 소통 기술의 습득

사모 면허 2
하나님과의 생명의 교제와 전수

01

사모를 바라보는
하나님의 관점

한 영혼이
천하보다 귀하다

목회는 "목사가 40, 사모가 60"이라는 말이 있다. 목회자의 역할이 덜 중요하다는 이야기가 아니다. 사모의 역할이 그만큼 중요하다는 말일 것이다. 목회자에 비하면 성도들의 눈에 잘 띄지도 않는 사모의 역할이 왜 그렇게 중요할까? 그리고 그토록 중요한 사람, 사모가 알아야 하고 갖춰야 할 것은 무엇일까?

겁 없이 드린 기도

잘 배워서 잘 해내고 싶은데, 하나님께 영광을 돌리고 싶은데, 어디에서도 사모의 역할을 정의해주거나 가르쳐주지 않아서 초보 사모인 나는 답답하고 힘들었다. 내가 모태 신앙이었다면 자라면서 보았을 사모님들의 모습으로 추측이라도 해보았을 텐데, 그렇지 못해 더욱 사모의 역할을 알고 싶고 배우고 싶어 했던 것 같다.

남편이 부목사로 재직하던 때였는데, 두 아이 모두 돌도 되기 전부터 심한 천식을 앓았다. 남편도 어릴 때 죽을 고비를 넘길 만큼 심한 천식을 앓았다고 했다. 우리 가정의 크나큰 시련이었다. 두 아이는 밤새 얼굴의 모세혈관이 터지도록 기침을 하며 고열에 시달렸고, 아이들을 돌보는 나 역시 잠을 제대로 못 자는 날들이 몇 년째 계속되었다.

새벽기도 시간에 주님께 나아가 기도하고 싶었지만, 도저히 몸이 따라주지 않았다. 남편이 담임목사로 부임해 나가기 전에 더욱 기도로 준비해야 한다는 생각에 마음이 간절했던 나는, 어느 날부터 새벽이 되어 아이들의 기침이 잦아들고 잠이 들면 무조건 일어나 캄캄한 뒷산을 오르기 시작했다. 새벽녘 두세 시간 자던 쪽잠마저 잘 수 없고, 세상에서 어둠을 제일 무서워하는 나였지만, 약해질 대로 약해진 내 몸을 기도할 수 있는 몸으로 만들기 위해 이를 악물고 선택한 방법이었다.

두어 달이 지나고 나니, 아이들을 시어머니께 맡기고 새벽기도의 자리에 나갈 체력이 되었다. 그렇게 시작된 기도는, 하나님의 임재로 가득했고 주의 영으로 충만했다. 어느 날은 나도 모르게 하나님 앞에 이런 기도를 드리고 있었다. 이상하리만치 지금도 또렷하게 기억하는 기도이다.

"불교 집안의 늦둥이로 태어나 스물다섯 살 가을에 교회에 처음 나가 주님을 만났고, 6년 만에 사모가 되었습니다. 이제야 담임목사와 사모가 얼마나 중요한지 알게 되었지만, 저는 교회와 목회에 대해 본 것도, 아는 것도 없습니다. 하나님께서 보시기에 담임목사와 사모로서 꼭 알아야 할 것이 있다면, 저와 남편에게 가르쳐주시기를 간절히 부탁드립니다. 어떤 고난을 통해서라도 괜찮으니 꼭 가르쳐주세요. 담임목사와 사모가 된 후에, 몰라서 실수하는 일이 없도록 꼭 도와주세요."

크나큰 고난을 통해 하나님의 놀라운 은혜와 응답을 경험했던 나는 그럼에도 불구하고 겁도 없이 마음을 다해 이렇게 기도했다.

아들을 잃다

남편과 함께 간절한 기도의 단을 쌓던 중, 남편은 일산에 있는 교회에 담임목사로 청빙을 받게 되었다. 남편이 부임한 지 14일이 되었고, 첫 대심방이 시작되는 날이었다. 나는 집에서 시어머니의 점심 식사를 준비하고 있었는데, 여섯 살짜리 아들이 다니기 시작한 태권도학원에서 전화가 왔다. 아이가 조금 다쳐서 병원으로 데리고 갔다는 것이다.

어머니와 일찌감치 하교한 초등학교 1학년 큰딸과 함께 부랴

사려 병원으로 갔다. 병원으로 가는 동안 내 마음은 점점 더 불안하고 떨려왔다. 응급실에 도착하자 미동도 없이 침대에 누워 있는 아들이 보였다. 의사는 내 옆에 와서 "아이가 교통사고로 뇌사 상태입니다"라고 말했다. 나는 응급실 바닥에 그대로 주저 앉고 말았다.

다른 병원에 가도 소용없다는 의료진의 만류를 뿌리치고, 구급차에 아이를 태워 서울에 있는 대학병원 응급실로 갔다. 아이는 잠든 듯 예쁜 얼굴로 내 품에 안겨 있었으며, 아직 따뜻하고 부드러웠다. 대학병원 응급실에 들어서자 의사들이 일제히 달려들어 아이에게 온갖 처치를 하는 모습이 슬로모션처럼 보였다.

소식을 전해 들은 남편이 함께 심방 중이던 장로님과 병원에 도착했고, 아이가 뇌사 상태라는 말을 다시 한번 듣게 되었다. 병원 바닥에 쓰러졌다가, 울부짖다가, 일어나서 아이를 꼭 끌어 안았다. 이렇게 따뜻하고 예쁜 아이가 죽었다니! 도무지 믿을 수가 없었다. 하나님을 그렇게 사랑하던 여섯 살밖에 안 된 아이에게 어떻게 이런 일을 허락하실 수 있단 말인가!

시간이 얼마나 흘렀을까. 역시나 넋이 나간 얼굴의 남편이 장기 기증을 하자고 했다. 나는 말도 안 된다고 소리쳤지만, 남편은 끈질기게 나를 설득했다. 우리 아이처럼 죽어가는 다른 아이를 살릴 수도 있지 않겠느냐며…. 무슨 정신이었는지 나는 장기 기증 동의서에 사인을 했다. 병원에서는 아이를 최대한 빨리 데리고 가야 한다며 내 품에서 빼앗듯 아이를 데려가버렸다. 1995년 3월 28일이었다.

아들을 데려간 사람의 얼굴도 모른 채 집으로 돌아오는 차 안에서 보니, 병원 담벼락에 노란 개나리가 피어 있었다.

천하보다 귀한 한 영혼

아이를 잃어버린 것도 고통스러웠지만, 시간이 지날수록 아이를 향해 가졌던 사랑의 감정과 꿈까지 잃어버려야 하는 것이 더더욱 고통스러웠다. 그 아이가 없는데 아무 일도 없다는 듯 아침이면 해가 뜨고 저녁이면 달과 별이 떴다. 다시 아침이면 버스가 다니고, 동네 아이들은 재잘대고 있었다. 나에게 아들이 없는 세상은 아무런 의미가 없고, 모든 것이 빛을 잃어 아침이나 밤이나 캄캄한데, 세상은 야속하리만큼 아이만 지우개로 지워낸 듯 그대로였다.

나는 그 처절한 고통 속에서 비로소 "한 영혼이 천하보다 귀하다"라는 하나님의 말씀이 어떤 말씀인지를 알게 되었다. 아들이 없는 나에게 온 천하가 아무 의미 없는 것처럼, 하나님에게 한 영혼은 천하보다도 중한 무게인 것을! 십자가의 사랑에 가슴 절절히 감동하고 감사하며 '알고 있는 줄만 알았던' 그 말씀을 실은 머리로만 알고 있었음을 깨닫게 되었다. 아들을 잃고 나니

한 영혼이 천하보다 더 귀하다는 그 말씀이 살아서 나의 온몸과 세포 하나하나 속으로 아프게 파고들어 와, 살아 있는 말씀이 되고 실존이 되었다.

그러면서도 매 순간, 내가 뭘 잘못했기에 아들을 먼저 데리고 가셨냐고 울부짖으며 주님께 항거했다. 울다가 혼절하고, 깨어나면 다시 목메어 울다가 탈진하여 죽은 듯이 누워 있던 나날이 반복되고 있었다. 저녁에 퇴근한 남편은 캄캄한 베란다 창가에 서서 "시은아, 시은아" 하고 아들의 이름을 부르며 서 있곤 했다.

하루는 장로님 몇 분이 우리 집에 오셨다. 나는 안방에 누워 있었고, 거실에서 장로님들이 남편에게 말씀하시는 소리가 들려왔다. 6개월 정도 외국에 나가서 쉬다 오라는 말씀이었다. 그 이야기를 듣는데 나는 갑자기 나갔던 정신이 들어온 사람처럼 정신이 번쩍 들었다.

'아! 내가 사모지! 남편은 목사고 나는 사모인데… 이제 부임한 지 두 달도 채 안 됐는데…. 가기는 어디를 간단 말인가. 교회는 어쩌고!'

나는 산발을 한 채로 벌떡 일어나 거실로 나가서 "제가 정신을 차리겠습니다, 아무데도 가지 않겠어요"라고 말씀드렸다. 그러자 장로님들보다 남편이 더 놀라는 눈치였다. 남편은 "당신 정말 괜찮겠어요?"라고 물었고, 나는 "제가 정신을 차릴게요"라고 대답했다. 그렇게 부임 후 첫 특별새벽기도가 시작되었다. 내가 정신을 차리니 남편도 힘을 내는 것이 보였다.

하나님의 아픈 사랑

특별새벽기도가 시작된 지 며칠 후의 일이었다. 아들 생각에 아무것도 손에 잡히지 않았다. 새벽기도를 마친 나는 아들과 함께 거닐던 공원에 가기 위해 버스를 탔다. 그리고 주님께 이렇게 물었다.

"저에게 한 영혼이 천하보다 귀하다는 말씀을 가르쳐주셔서 제 마음과 영혼에 깊이 새겼습니다. 하지만 이렇게 슬픈 사람이 어떻게 교회 사모로 섬길 수 있겠어요."

그러자 주님은 내 귀에 들리는 음성으로 말씀해주셨다.

"그토록 슬프고 아프냐?"

"네, 너무 슬퍼서 가슴이 다 닳아 없어진 것처럼 아파요."

"……."

"이렇게 가슴이 찢어질 듯이 아프고 슬픈 사람이 어떻게 성도들 앞에서 사모의 역할을 할 수가 있겠어요. 너무 고통스러워요."

또다시 침묵하시던 주님이 이렇게 말씀하셨다.

"나도 나를 떠나 돌아오지 않는 자녀들로 인해 그렇게 아프다."

죽을 것 같은 고통의 시간에 듣게 된, '하나님의 마음도 그렇게 아프시다'라는 말씀에 나는 버스 안에서 오열하고 말았다.

"하나님을 떠나 돌아오지 않는 한 영혼으로 인해 아버지의 마음이 그렇게 아프시다니! 몰랐습니다. 정말 몰랐습니다."

주님을 영접하고 주님의 십자가 고통을 묵상하며 나의 마음도 찢어질 듯 아프고 감사하여 "십자가 십자가 내가 처음 볼 때에 나의 맘에 큰 고통 사라져"라는 찬송가를 부를 때마다 "십자가 십자가 내가 처음 볼 때에 나의 맘에 큰 고통 찾아와"라고 늘 고쳐 불렀는데, 돌아오지 않는 자녀들로 인해 하나님의 마음이 그토록 아프신 줄은 전혀 알지 못했다.

한 영혼, 한 인간을 향한 하나님의 그 고통스러운 사랑을 알고 난 후로 나는 다시는 울지 않았다. 어린 아들이 먼저 하늘로 떠난 것이 너무 안타까워서 흐르던 눈물, 아들이 보고 싶어 울부짖던 통곡의 눈물이 다시는 흐르지 않았다. 설명할 수 없는 일이었다. 어떻게 하면 한 사람이라도 더 전도하고 양육해서 아버지의 품에 안겨드릴까, 아버지의 그 고통을 덜어드릴까 생각하며, 아들을 데려가신 후에 주신 늦둥이 딸을 업고 틈만 나면 동네 전도를 나갔다.

특별새벽기도 기간 내내 남편과 나는 형용할 수 없는 하나님 은혜의 폭포수 아래 있었다. 하나님께서는 한 사람을 사랑하시는 아버지의 마음과 영을 폭포처럼 부어주셨다. 천하보다 귀한 한 영혼이 우리 부부 앞에 '성도'라는 이름으로 살아 움직이고 있었다. 날마다 성도들의 영혼에 부어지는 하나님 아버지의 사랑을 읽으며, 서서히, 아주 서서히 아들을 잃은 상처가 아물어 가고 있었다.

하나님께서 목회자인 남편과 사모인 나에게 가르쳐주고 싶으셨던 것은 '한 영혼을 향한 하나님의 아픈 사랑'이었다. 늘 아는 줄로 알고 있었던 그 사랑! 하나님께서 십자가에 자신의 아들을 매달아 보여주신 그 사랑으로 각양각색의 성도들을 어떻게 사랑하시는지, 어떤 눈길로 바라보시는지를 남편과 나의 골수에 새겨주셨다. 남편의 표현대로 '목회자로서 한없이 부족한 목사요 사모'였지만, 하나님께서 아들을 데려가시며 알려주고 부어주신 그 사랑으로 인하여 우리 부부는 성도들을 바라보는 것만으로도 감사하고 행복한 목사요 사모일 수 있었다.

이제 와 생각하니, 아들을 잃은 부모가 슬픔 속에서도 행복한 목사요 사모일 수 있었다니, 설명할 길이 없다.

사모를 바라보는
하나님의 관점과 기대

남편이 담임목사로 부임한 지 2,3일쯤 되었을 때, 어느 권사님이 고운 꽃 화분과 함께 카드를 보내셨다. 후에 알게 되었지만, 그 권사님은 미혼으로 평생 사시며 교회를 위해 기도를 많이 하시는 분이었다. 지금은 고인이 되셨지만, 연세가 많으신데도 길고 멋진 다리로 자전거 페달을 밟으며 새벽마다 기도하러 오시던 모습이 아직도 눈에 선하다.

보내주신 카드의 마지막에 "영의 어버이께"라고 적혀 있었는데, 남편과 나는 그 부분을 읽자 누가 먼저라고 할 것도 없이 웃음을 터뜨렸다. 내가 먼저 "여보, 우리가 영의 어버이래"라고 말했다. 그런데 재차 "우리가 영의 어버이래"라고 말할 때쯤, 우리 부부의 얼굴에는 더 이상 웃음기가 없었다.

나는 왜 웃었을까? 아니 우리 부부는 왜 웃었을까? 이제 마흔인 목사와 서른아홉 사모에게 예순이 넘은 권사님이 '영의 어버이'라고 부르시니 민망하기 그지없어서였을까? 무엇보다 믿음의 선조가 전혀 없던 나는 '영의 어버이'라는 말을 그때 처음 들어 보았다. 맞지 않는 옷처럼 어색한 말이었고, 무엇보다도 우리는 우리가 영의 어버이라는 생각을 해본 적이 없었다.

십자가의 사랑을 덮어쓰다

그리스도 안에서 일만 스승이 있으되 아버지는 많지 아니하니 그리스도 예수 안에서 내가 복음으로써 너희를 낳았음이라 그러므로 내가 너희에게 권하노니 너희는 나를 본받는 자가 되라 고전 4:15,16

사도 바울은 "그리스도 안에 수없이 많은 지도자가 있으나 아비는 많지 않다. 그러나 나 바울은 복음으로 너희를 낳은 아비가 되었다. 너희도 나를 본받는 자가 되라"라고 말한다. 결혼을 한 적도, 자기 자녀를 낳은 적도 없는 사도 바울이 "나는 그리스도 안에서 복음으로 너희를 낳은, 해산의 고통을 아는 아비가 되었다"라고 한다. 불가능한 일이 아닐 수 없다. 이는 하늘 아버지의 인간을 향한 절절한 사랑이 사도 바울의 온 육체와 영혼과 존재를 뒤덮었기에 가능했던 일일 것이다.

나는 집안의 막내다. 그것도 노인자제(老人子弟), 즉 늦둥이다. 그러다보니 나는 늘 웃어른이나 언니 오빠들 앞에서 응석을 부리는 일에 익숙했다. 그런데 대학에 입학해서 조금 있으니 후배들이 생기고, 그들이 나를 '언니'라고 부르며 따를 때 얼마나 당혹스럽고 불편하던지, 정말 견디기 힘들었다. 교수님이 부르시면 "네"라고 대답해야 하는데, "에"라고 혀 짧은 소리를 했다가 교수님께 혼이 났던 민망한 기억도 있다.

그런 내가 스물다섯에 주님을 영접하고 그 사랑에 겨워 살게 되니, 주일학교 교사를 할 때나 제자 삼는 사역을 할 때도 '이다음에 결혼해서 내 아이를 낳아 키우게 되면 과연 이보다 더 사랑할 수 있을까?' 하는 생각이 들곤 했다. 아버지의 사랑이, 십자가의 사랑이 나의 존재를 덮었기에 가능했던 일일 것이다. 사모는 그 누구보다도 십자가의 사랑으로 '덮어쓰기'가 필요한 사람이다.

아비의 영을 가진 리더 1 하나님의 사람을 남겨라

나는 《부모 면허》(규장)에서 부모의 역할을 다음과 같이 설명했다. "부모는 자녀를 성공시키기 위해 부모가 된 것이 아님을 기억해야 한다. 부모는 자신이 먼저 믿음과 말씀으로 무장하고, 자녀에게 '하나님을 가르쳐주고, 전해주고, 보여주는 사람'이다.

이것이 부모의 가장 근본적인 역할이자 자녀를 위해 치러야 할 영적 전쟁이다. 모든 자녀 양육과 교육의 출발점은 여기서 시작되어야 그 길을 잃지 않는다. 왜냐하면 자녀의 '참 부모'는 하나님이시고, 육신의 부모들은 엄밀히 말하자면 하나님의 자녀를 잠시 맡아 키우는 양부모이자 위탁 부모이기 때문이다. 그래서 자녀들의 눈에 보이지 않는 참 부모이신 하나님을, 눈에 보이는 양부모가 잘 가르쳐주고 보여주고 전해주어야 한다."

마찬가지로 사모는 '아비의 영을 가진 리더'로서 성도들의 참 부모요 참 리더인 하나님을 전해주고 보여주는 사람이다. 부모가 이 땅에 자기 자식을 남기고 가는 것이 아니라 하나님의 사람을 남기고 가야 하듯, 사모 역시 이 땅에 내 교인을 남기는 것이 아니라 '하나님의 사람'을 남기고 떠나야 하는 사람이다.

자녀를 낳고 교회에 데려다 놓았지만, 자기도 모르는 사이에 자녀를 세상에 빼앗기는 부모들이 얼마나 많은가. 자녀가 부모에게 맡겨진 한 영혼임을 알지 못하고, 자녀를 그런 관점으로 보지 못한 결과이다. 사모도 마찬가지다. 하나님께서 남편인 목사에게만 영혼들을 맡기신 것이 아니라, 사모인 나 역시 그 영혼들에게 '보냄을 받은 소명적 존재'임을 기억해야 한다. 내 곁에 있는 성도는 사모인 나에게 맡기신 한 영혼이요, 내가 얻어야 할 한 영혼인 것이다.

내가 그들과 함께 지내는 동안은, 아버지께서 내게 주신 아버지의 이름으로 그들을 지키고 보호하였습니다. 그러므로 그들 가운데서는 한 사람도 잃지 않았습니다. 요 17:12 새번역

메르스(MERS)의 공포가 가득했던 2015년, 조간신문 1면에 대문짝만한 기사가 난 적이 있었다.

"저승사자를 물고 늘어지겠습니다. 내 환자에게는 메르스 못 오게."

어느 대학병원에서 코호트 격리(전염병 전파 가능성이 있는 환자들과 의료진을 하나의 집단으로 묶어 폐쇄된 공간에 격리하는 의료적 방역 조치)된 간호사 선생님이 쓴 글이었다. 나는 그 기사의 제목만으로도 내 안에서 뜨거운 것이 솟구쳐 오르는 것을 느꼈다.

그 간호사 선생님은 몇 년 후 《나는 간호사, 사람입니다》(쌤앤파커스)라는 책을 집필하였는데, 그 책에서 자신을 변화시킨 두 사건을 소개한다. 하나는 신임 시절 자신 앞에 실려 온 중환자 앞에서 멍하게 서 있을 때 "야, 뭐해? 네 환자잖아!! 넌 대체 뭐하는 거야! 네 환자 하마터면 잃을 뻔했잖아!"라고 소리치던 선배 간호사의 외침이었고, 또 하나는 심정지가 온 환자 위에 뛰어올라 심폐 소생술을 진행하고 있을 때 곁에 계시던 어느 할머니

가 "네가 바로 저승사자와 싸우는 아이로구나"라고 하신 말씀이었다고 한다. 이 두 사건이 오랫동안 가슴에 남아 자신의 환자들을 잃지 않기 위해 정말로 '저승사자와 싸우는 간호사'가 되어갔다는 고백이었다.

나는 그 기사와 책을 읽었을 때, "야, 뭐해? 네 성도잖아!! 넌 대체 뭐 하는 거야! 네 성도 하마터면 잃을 뻔했잖아!"라고 하시는 하나님의 다급한 음성이 들리는 듯했다. 그리고 "네가 바로 성도를 잃지 않으려고 악한 영과 싸우는 사모로구나"라는 하나님의 말씀을 듣고도 싶었다. 한없는 부끄러움과 그렇게 살고 싶은 간절한 소망에 끝없는 눈물이 흘렀다.

누구나 그렇지만, 특히 사모는 그 누구보다도 더욱 자신을 이 땅에 보내신 주인이 있는 삶, 그 주인의 뜻을 기억하는 삶을 살아야 하리라. 나를 보내신 주님이 그러하셨듯 내 곁에 있는 성도들을 기도로 지키고 보호하며, 한 영혼도 악한 영에게 잃지 않으려는 절박함이 있어야 하리라.

아비의 영을 가진 리더 3 한 영혼을 얻기 위해 나아가라

남편이 없는 지금, 나는 교회에서 많은 구역장과 주일학교 교사와 성도들 가운데서 평신도로 생활한다. 그래서 사모로 지낼 때보다 평신도의 삶을 훨씬 더 가까이서 볼 수 있다. 나는 그들

의 삶 속에서 눈물겨울 만큼 자신을 쳐서 복종시켜, 곁에 있는 한 영혼이 마치 "자신들이 청산할 자인 것같이"(히 13:17), 지키고 보호하며 섬기는 모습을 보곤 한다. 그럴 때마다 나는 그들에게서 가슴 먹먹한 주님의 십자가 사랑을 느끼며, 그 귀한 평신도 지도자들을 위해 가장 정성 어린 중보자가 되어 주님께 그들의 이름을 불러 아뢰며 기도하곤 한다.

아비의 영을 가진 리더가 되라! 수많은 영혼과 교회를 세운 사도 바울의 입을 통해 하나님이 하신 말씀이다. 성도를 바라볼 때 목사님과 교회의 권면을 잘 따르는 성도인지 아닌지만 보는 것이 아니라, 그들의 영혼을 보며 그 영혼을 얻기 위해 자신이 청산할 자인 것처럼 절박한 심정으로 하나님 앞에 나아가는 사모, 주님은 그런 사모를 기대하고 또 기다리신다.

리더의 영과
팔로워의 태도

사모는 리더이지만, 이끄는 리더가 아니라 따르고 섬기는 태도를 갖춘 매우 독특한 리더이다. 리더(leader)의 영을 가졌으나 팔로워(follower)의 태도를 갖춘 리더라고 표현하고 싶다. 사모는 리더의 영으로 가득하지만, 주님과 남편인 목회자를 따르는 태도로 무장한 리더이다.

사모의 서번트 리더십

목회자이자 리더십 전문가인 존 맥스웰(John C. Maxwell)은 그의 저서 《팀워크를 혁신하는 17가지 불변의 법칙》(청우)에서 "리더는 비전을 포착하고 전달하는 역할을 해야 하므로 그들은 먼저 비전을 보아야 하고, 다른 사람들이 그 비전을 볼 수 있도록 도와야 한다"라고 하며 미국의 39대 대통령이었던 지미 카터 (Jimmy Carter)를 소개한다.

지미 카터의 대표적인 모범은 1976년에 미국의 변호사 밀라드 풀러(Millard Fuller) 부부에 의해 창설된 해비타트(Habitat)에서 잘 나타난다. 널리 알려진 대로 해비타트의 목표는 세계의 집 없는 사람들과 낡은 집에서 사는 가난한 사람들에게 집을 지어주는 것이다. 해비타트의 창설자인 풀러는 해비타트가 세계적으로 나아갈 수 있도록 지미 카터 전(前) 대통령이 해줄 수 있는 역할이 있다고 믿었고, 그에게 몇 개의 역할을 제시하며 그중에 한두 가지 일을 해줄 것을 제안했다. 예를 들면 해비타트 위원회를 돕는 것, 언론에 접촉하는 것, 기금 마련을 돕는 것, 30분간 비디오에 나오는 것, 하루 동안 건설 노무자로 일하는 것 등이었다.

지미 카터의 선택은 풀러의 모든 제안에 동의하는 것은 물론, 건설 노무자로 봉사하며 집을 짓기 위해 카터 자신이 직접 망치를 두드리겠다고 나선 것이었다. 카터는 노동자로 참여하여 여러 건설 현장을 버스로 방문했고, 한 주간 동안 계속 일했으며, 밤에는 다른 사람들과 교회 지하실에서 잠을 잤다. 그렇게 카터는 해비타트 팀을 일으키는 데 공헌했고, 수많은 사람이 그 일에 동참하게 되었다. 덕분에 해비타트와 자원자들은 2014년까지 전 세계에 백만 채의 해비타트 주택을 지을 수 있었다.

지미 카터는 해비타트의 큰 그림(목표)의 중요성으로 무장한 리더이자 리더의 영으로 충만했지만, 팀의 유익을 위해 필요한 섬김의 역할을 기꺼이 감당하는 훌륭한 팀의 '멤버'(follower)였다고 존 맥스웰은 정리한다. 해비타트에서의 지미 카터의 리더십은, 리더의 영으로 가득하지만, 교회라는 공동체를 위해 기꺼이 필요한 섬김의 역할을 감당하는 사모의 리더십과 매우 흡사하다. 한 마디로 주님의 '서번트 리더십'(Servant Leadership)이다. 그 리더십으로 우리를 살리신 주님처럼, 사모들도 서번트 리더십으로 교회라는 팀을 일으키고, 살리고, 부흥하게 하고, 동일하게 그렇게 살아가는 수많은 성도들을 일으킬 수 있다.

하나님의 스톱

남편이 담임목사로 재직하던 때였다. 어느 날은 노회의 목회자 부부 모임에 참석하게 되어 한 숙소에 모이게 되었는데, 거실에는 목사님들이, 다른 방에서는 사모님들이 모여 두런두런 담소를 나누며 주일의 고단함을 풀고 있었다.

그때 연배가 제일 높으신 사모님 한 분이 목사님들을 바라보시며, "주일에 하루 종일 설교하고 일한 건 저분들인데, 도대체 월요일 아침마다 우리는 왜 이렇게 피곤하죠?"라고 말씀하셔서 "그러게요"라고 맞장구치며 모두 웃었던 기억이 있다. 그만큼 남편이 하는 모든 사역이 교회와 성도를 살리고, 그 사역으로 하나님의 영광이 드러나기를 간절히 중보하며 동역하고 있었기 때문이리라.

사모는 보통의 아내들보다 훨씬 더 밀접하게 남편의 일, 즉 사역과 연결되어 있다. 이 부분에서 사모의 역할에 유의점이 있다. 남편과 함께 매우 긴밀하게 연결되어 기도로 동역하지만, 사모는 이끄는 리더가 아니라는 점이다.

서울 어느 교회에서 목회하는 목사님과 사모님의 이야기이다. 더 이상 부교역자를 채용할 수 없는 상황이자 교회에서도 원하여 사모님이 직접 주일학교 등에서 사역을 맡게 되었다. 시간이 지날수록 사모님의 사역은 교회와 성도들의 눈에 띄었고, 또 인정도 받게 되었다.

그러자 사모님은 목사님을 향해 '잘 좀 하지', '더 열심히 해야지'라는 마음이 드는 한편 목사님은 '사모인 당신이 나의 사역을 세우기보다, 당신이 좋아하는 사역을 혼자서 하다보니 결과적으로 목사를 깎아내리는 일이 되고 있다'라는 생각을 하게 되었다.

결국 부부는 이런 의견 차이로 할 말 못 할 말을 다 쏟아내며 크게 다투게 되었다. 하필 새해를 며칠 앞두고 있었기 때문에 목사님과 사모님의 마음이 더욱 좋지 않았다고 한다. 다행히 두 분 모두 이혼을 생각하거나 목회를 그만두겠다는 생각이 들지는 않았다. 하지만 그 상태로 새해를 맞이할 수 없다는 생각에 기도하던 사모님이 목사님에게 이렇게 말했다.

"내가 잘 해도 당신이 나 때문에 고민이 되고 힘들다면 내가 잘못한 거네요. 내가 잘 못해도 당신한테 도움이 되어야 하는 건데, 진심으로 잘못했어요."

그 후로 사모님은 '내가 사역은 좋아하는데 남편과의 소통과 동역이 안 되다보니 내 할 일은 이것이라며 혼자서 마구 달려온 시간을 하나님이 스톱하신 거구나'라는 깨달음이 생겼다고 한다. 사모님의 마음에 질서가 잡히니 사모님은 하나님께서 주시는 은혜와 임재를 더 깊이 체험하게 되었고, 사모님이 사역할 때 목사님이 모든 순서를 축복기도로 열어주고 이모저모로 도와주어서 성도들도 무척 좋아하게 되었다고 한다.

사모님은 "무엇보다도 목회자인 남편과 하나 되지 못한 죄가 크다는 것을 깨달았다"라고 고백하셨다.

하나님이 세우신 남편의 뒤에서

사모님의 믿음의 고백을 듣고 나서 나는 귀한 것을 깨달았다. 첫째, 목사와 사모의 화해는 단순한 화해가 아니라 하나님을 사랑하는 순종이라는 사실이다. 둘째, 사모의 협력 없이 목회자 혼자 사역하는 것도 하나님의 뜻이 아니지만, 목사와 사모가 하나 되지 못한 상태에서 하는 사모의 사역도 하나님의 뜻은 아니라는 것이다.

남편과 함께 간절히 기도하며 교회와 성도들을 섬기다보면 남편이 하는 일이 사모인 나의 일처럼 느껴질 수 있고, 심지어 내가 하면 더 잘할 수 있을 것 같은 마음이 들 때도 있다. 사모의 눈에 잘 보이는 부분이 목사에게 잘 보이지 않을 때가 있을 수도 있다. 사모들만 아는 고통스러운 시험거리이자 매우 조심해야 할 부분이다.

때로는 나도 내 안에 하나님과 한 영혼을 향한 뜨거운 마음과 떠오르는 생각들로 남편을 제치고 달려가고픈 때가 있었다. '그게 아니라 저거'라고 강하게 말하고 싶을 때가 있었다. 그때마다 나는 두려워서 교회로 달려가 무릎을 꿇고 기도하곤 했다. 하나님이 세우신 남편의 뒤에 서기를, 그를 깊이 사랑하고 존경하며, 이해하고 섬기며 기도하기를, 기도가 아닌 거친 말로 사역하지 않기를, 무엇보다 남편이 감당하고 있는 역할은 나의 역할이 아님을 기억하려 몸부림치며 기도했다.

사모가 앞서가지 않을 때 임하시는 하나님의 임재와 질서가 있고, 하나님의 임재와 질서가 열어주시는 해결(breakthrough)이 있다. 사모는 분명 영적 리더이지만, 교회라는 팀을 위해 기꺼이 필요한 섬김의 역할을 감당하는 팔로워의 태도로 무장되어야 한다.

성도를 회복시키는
사모의 눈길

바라봄의 중요성! 이는 교육을 할 때마다 강조하는 이야기이다. 아직 어린 영유아기 때에도 아이들은 부모의 눈길을 보고 많은 것을 알아차린다. 자신을 바라보는 부모의 눈길과 표정이 행복할 때 '아, 내가 참 중요하고 좋은 아이인가보다'라고 자신을 정의한다. 하지만 자신을 바라보는 부모의 눈길과 표정이 어둡고 무표정하면, '나는 엄마 아빠를 행복하게 하지 못하나보다'라고 자신을 정의해 가기도 한다. 그러므로 부모의 눈길은 부모의 말 못지않게 중요하다.

성도의 아픔을 바라보는 눈길

성도들도 목회자나 사모, 중직자의 눈길을 보고 많은 것을 알아차린다. 그런데 목회자도 사모도 성도들을 올바르게 이끌어 주려고 하다보니 신앙생활을 잘하고 있는지를 보게 된다. 그러면 자신도 모르게 성도들을 평가하는 눈길로 보게 될 때가 많은 것이 사실이다.

남편의 담임목회 시절, 교회에서 여러 어려움을 일으키는 성도가 있었다. 그 성도를 위해 날마다 남편과 함께 기도했다. 어느 늦은 밤 하나님 앞에 나아가 오직 그 성도만을 위해 간절히 기도할 때였다. 갑자기 그 성도가 어릴 때 울었을 법한, 절박하고 서러운 울음이 터졌다. 만약 기도실에 성도들이 있었다면 '우리 목사님 댁에 무슨 일이 있나?'라고 생각할 만큼 나는 오랜 시간을 울고 또 울었다.

나중에 알게 되었지만, 그 성도는 많은 고난을 겪으며 자랐고, 그 고난과 함께 좋지 않은 선택을 하는 습관이 생기게 되었다고 한다. 남편은 치리 대신 깊은 위로와 권면을 선택했고, 그 후 점차 변화되는 성도의 모습을 볼 수 있었다.

또 다른 이야기가 더 있다. 교회에서 걸어가고 있는데 내 앞에서 나를 향해 걸어오던 여 집사님이 "사모님은 뭐가 좋아서 맨날 그렇게 웃고 다녀요?"라고 했다. 뭐라고 답할 수도 없었지만, 집사님은 내 대답도 듣지 않고 쌩하니 가버렸다. 나는 무안했고, 내가 너무 웃고 다녔는지 곰곰이 생각하게 되었다. 지금 생각해보니 내 안에 '사모는 웃지도 못하나?' 하는 쓴 마음이 생기지 않았던 것이 하나님의 은혜였다.

담임목사인 남편을 통해 그 분의 상황을 듣고 보니 사모의 웃는 얼굴조차 보기 힘들 만큼 집사님의 마음이 힘들었겠다는 생각이 들며, 나의 무안함이나 얼마나 웃어야 적당하냐는 어리석은 고민 대신, 그 집사님의 마음과 상황에 집중하여 기도할 수 있게 되었다.

판단하지 않는 포용과 인정의 눈길

눈에 넣어도 아프지 않은 성도들 중에는 교회를 근심하게 하고 목회자와 사모의 눈을 아프게 하는 성도들도 있는 것이 사실이다. 그럴 때면 사모도 사람인지라 때로는 마음이 상해 '나를 힘들게 하는 성도', '교회에 물의를 일으키는 성도'로 판단하기 쉽다(그중에 진짜 악하다 싶은 정도까지 상황을 몰아가는 사람이 있어 교회와 목회자를 흔들기도 한다. 지금부터 하는 이야기는 그런 사람 모두를 일반화하기에 어려운 면이 있다).

그러나 과연 하나님께서도 그런 눈으로 바라보실까? 하나님의 눈에는 그 성도가 살아내야 했던 시간들이 보이고, 상처 난 마음이 보이고, 평생 그 상처를 안고 살다보니 생긴 부작용 같은 삶의 태도가 보이고, 자기도 자기 자신을 어쩔 수 없어 쩔쩔매는 모습도 보일 것이다. 그러니 그를 바라보시는 하나님의 눈길에는 '그 힘든 시간을 어찌 견뎠을꼬' 하는 깊은 연민과 사랑이 배어 있을 수밖에 없다.

상담을 배울 때 교수님이 들려주신 예화이다. 내담자가 찢어진 청바지에 껌을 씹으며 상담실로 들어와 다리를 덜덜 떨어가며 앉을 때, 상담사가 '아이코! 뭐냐? 오늘 상담 좀 힘들겠다'라는 선입견을 품고 상담을 시작했다고 치자. 그러나 또 다른 상담사는 똑같은 상태의 내담자를 보고도 '내담자가 찢어진 청바지를 입었네. 껌을 씹고 있고 다리를 떨고 있구나'라고 보이는 그대로 바라보며 자신의 선입견과 판단을 미뤄두고 상담을 시작한다면, 두 상담의 결과는 매우 다를 수밖에 없다는 말씀이었다.

자신을 바라보는 타인의 부정적인 눈길을 많이 경험한 사람일수록, 자신을 함부로 판단하지 않는 누군가를 만났을 때 그동안 경험해보지 못한 신선하고 행복한 관계 경험을 통해 더 좋은 자신의 참모습을 보여주고 싶어 한다. 아울러 자신도 타인을 볼 때 선입견을 내려놓고, 상대방의 참모습을 보고 싶다는 생각을 갖게 된다. 이것이 좋은 상담이 진행되었을 때 나타나는 '상담 효과'이다. 좋은 상담은 힘들어하는 내담자의 문제를 직면시키고 풀어주는 데서 그치는 것이 아니라, 상담자와의 관계를 통해 선입견 없는 포용을 경험하는 '관계 경험'을 선사한다. 내담자 안에서 근본적인 변화가 일어날 수밖에 없는 이유이다.

나 역시 상담과 코칭을 배우며 이 '신선하고 행복한 관계 경험'을 해보았다. 아울러 내가 상담사와 코치로서 상담과 코칭을 시행할 때도, 많은 내담자와 피코치(코칭받는 사람)들이 신선하고 행복한 관계 경험을 통해 치유되고 회복되는 것을 보아왔다.

그래서 공동체의 리더인 부모들과 사모들이 먼저, '판단하지 않는 포용과 인정'을 경험할 기회가 있기를 간절히 바란다. 그것은 사람과의 관계에서 하나님의 눈길을 경험하는 신비한 경험이 될 것이다. 그런 눈길을 경험한 부모들이 자녀들에게, 사모들이 성도들에게, 다시 포용과 인정의 눈길을 경험하게 해주는 '치유된 치유자'가 되기를 간절히 기도하는 바이다.

사모의 눈길이 성도를 회복시킨다

사모는 수많은 관계 속에서 누구보다도 더욱 하나님의 시각, 건강한 영, 치유된 마음이 필요하다. 그래서 사모들이야말로 자신을 판단하고 평가하지 않으면서, 자신의 참모습 그대로를 받아들여줄 누군가와의 행복한 관계 경험이 필요하다. 그래서 3학기로 구성된 부모학교와 달리, 사모학교는 4학기로 구성하고자 한다. 그 마지막 학기에는 사모를 위한 상담과 코칭 과정을 준비하여, 사모님들이 아름다운 하나님의 눈길을 경험하게 되기를 기대한다.

성도들을 모두 상담해주라는 말이 아니다. 성도를 바라보는 눈길이 흡사 상담사나 코치의 눈길처럼 '에고리스'(egoless, 자신의 에고를 내려놓는 것) 할 수 있다면, 즉 '나'라는 필터를 거치지 않는다면 그것만으로도 사모의 눈길은 성도를 회복시키는 힘을 갖게 된다는 말이다.

'나는 하나님이 창조하신 이 성도가 어떤 사람인지 잘 모른다. 이 성도가 어떤 일을 겪으며 여기까지 왔는지도 모른다. 하지만 자신의 인생을 포기하지 않고 살아온 역전(歷戰)의 용사, 즉 인생의 수많은 전쟁을 치르고 여기까지 걸어온 용사다.'

그렇게 판단을 유보한 상태에서 그가 자신의 인생에 쏟은 노고를 인정할 때, 그것만으로도 사모의 눈길은 성도를 회복시킬 수 있는 강력한 '임파워링'(Empowering)의 힘을 가지게 된다. 더 나아가 2장에서 살펴볼 '코치적 사모'의 눈길로 성도를 바라볼 수 있다면, 그 성도는 더 놀라운 회복을 경험하게 될 것이다. 그 모든 시작은 판단과 선입견이 없는 '포용의 눈길'이다. 섣부른 판단과 선입견을 거부한, 사모의 포용과 인정의 눈길은 성도를 회복시킨다.

사모의 순종과 모범으로
이루시는 하나님의 역사

우리는 주님을 굳게 의지하기 위해 분발하는 삶을 살아야 한다. 그러나 자연스레 주님을 굳게 의지하게 되는 인생은 없다. 목회자나 사모도 예외가 아니다.

진정한 모범이 필요하다

우연히 〈헬프〉라는 미국 드라마를 본 적이 있다. 1960년대 미국 남부에 사는 백인 여성들의 성공의 기준은 정원 딸린 집에서 흑인 가정부를 두고 사는 것이었다. 삶이 점점 윤택해지면서 백인 여성들은 집을 비우고 외출하는 일이 잦아졌다. 엄마와 떨어지기 싫어서 우는 아이들을 달래고, 머리를 빗기며 안아주고, 다정하게 말해주는 사람은 흑인 가정부들이었다. '너는 사랑받아 마땅한 아이'라며 구슬픈 찬양으로 백인 아이들을 달래주고, 백인 가족들이 먹을 음식을 만들지만, 백인 주인들은 그들과 같은 화장실 쓰기도 원치 않는다.

그렇게 차별받는 흑인 가정부의 손에서 자란 백인 여자아이 '스키터'가 대학 졸업 후, 신문사에 취직하며 흑인 가정부들의 삶을 공개하는 위험천만한 책을 쓰게 된다. 그 책이 나오는 날, 스키터의 엄마가 "그래. 너는 어려서부터 그녀(흑인 가정부)를 좋아했지"라고 비웃듯 말하자 스키터는 이렇게 대답한다. "맞아요. 나는 누구든지 본받을 사람이 필요했어요"라고.

그렇다. 사람은 태어나면서부터 누군가 본받을 사람을 필요로 하고, 누군가를 본받아 살 때 안정감을 누린다. 누구나 인생을 처음 살아보기 때문에 '내 곁에서' 좋은 선택과 가치관으로 건강하고 행복한 인생을 살아가는 사람, 그를 모델(model)로 삼아 직접 보고 자라는 것은 크나큰 도움이자 축복이다. 만약 그 사람이 부모라면 더할 나위 없이 좋은 일이다.

마찬가지로 성도들은 '부모의 상(像)'을 가진 교회 리더인 목회자와 사모를 통해 모범을 보고 싶어 한다. 아무리 목회자 부부라 해도 이는 부담스러운 일이 아닐 수 없다. 그렇다고 남에게 보여주는 식의 모범은 진정한 모범이 될 수가 없다. 성도들 앞에 모범을 보이려 애쓰는 것은 아무 소용이 없다. 하나님 앞에 순종할 때 그 순종 자체가 진정한 모범이 되는 것이니, 하나님 앞에 순종을 살아내는 것이 곧 성도들이 보고 싶어 하고 기대하는 모범이 될 것이다.

순종으로 이루시는 하나님의 역사

이에 여호와의 영이 입다에게 임하시니 입다가 길르앗과 므낫세를 지나서 길르앗의 미스베에 이르고 길르앗의 미스베에서부터 암몬 자손에게로 나아갈 때에 그가 여호와께 서원하여 이르되 주께서 과연 암몬 자손을 내 손에 넘겨주시면 내가 암몬 자손에게서 평안히 돌아올 때에 누구든지 내 집 문에서 나와서 나를 영접하는 그는 여호와께 돌릴 것이니 내가 그를 번제물로 드리겠나이다 하니라 이에 입다가 암몬 자손에게 이르러 그들과 싸우더니 여호와께서 그들을 그의 손에 넘겨주시매 삿 11:29-32

입다는 하나님의 영이 임하여 암몬과의 전쟁에 나가게 되는데, 갑자기 하나님께 위험천만한 서원을 한다. 암몬 자손을 내 손에 넘겨주시면 평안히 돌아올 때에 내 집 문에서 나를 영접하는 그를 번제로 하나님께 드리겠다는 서원이었다. 입다는 나아가 암몬과 싸웠고, 하나님께서 암몬을 입다의 손에 넘겨주셔서 대승을 거두었다. 문제는 대승을 거두고 돌아오는 그를 그의 딸이 소고를 잡고 춤을 추며 나와 영접했다는 것이다. 이는 입다의 무남독녀였다.

입다는 왜 하나님이 싫어하시는 이교도적인 서원을 했을까? 그것도 '내 집 문에서 나와서 나를 영접하는 사람'이라니, 그 사람이 아내나 자녀 혹은 내 집 식솔일 거라는 생각을 정녕 못했단 말인가. 내 식구가 아니라고 해도 사람을 번제로 바치겠다니, 무엇이 입다로 하여금 이런 서원을 하게 만들었을까?

입다는 길르앗이 기생에게서 낳은 자녀였다. 하지만 길르앗의 아내가 낳은 자녀들이 입다의 존재를 인정하지 않아 그는 아버지의 집에서 쫓겨났고, 그 후 건달패들이 입다에게 모여들어 그들과 함께 살게 되었다. 입다는 큰 용사가 되었지만 그의 마음은 늘 자신의 부족함에 매여 있었던 것 같다. 입다는 하나님의 뜻에 순종하는 것만으로는 부족하다고 생각했는지, 자신의 서원을 더하는 것으로 승리에 쐐기를 박아 자신을 드러내려 한 것이다. 그러나 하나님은 그분의 능력 위에 입다의 서원을 보태서 역사를 이루시는 분이 아니다.

하나님은 우리의 순종으로 하나님의 역사를 이루어 가시는 분이다. 나의 부족함에 연연하다가 나의 열심을 보탰을 때 하나님의 역사가 이루어지는 것이 아니다.

성도의 순종과 사모의 모범

사모에게 순종과 모범은 늘 숙제와 같다. 잘 해내야 한다는 중압감이 있고, 그래서 더 빨리 지치게 된다. 뿐만 아니라 우러나지 않는 순종과 모범을 쥐어짤 때도 얼마나 많은가! 마치 많은 장남과 장녀들이 아직 가정을 위해 아무런 희생을 하지 않았음에도 부담과 박탈감을 느끼는 것과 흡사하다.

그러므로 사모는 예배를 드리든지, 기도를 하든지, 전도를 하든지, 주방 봉사를 하든지, 상담을 하든지 자신이 사모인 것과 동시에 성도인 것을 기억해야 한다. 자신이 사모인 것을 잊으라는 말이 아니다. 사람이 아닌 하나님을 의식하자는 이야기다. 성도 앞에서가 아니라 오직 하나님 앞에서 순종할 때, 사모 개인의 그 기쁜 순종이 하나님의 역사를 이루고, 타인들에게 모범이 되어 역사한다. 사모의 '성도로서의 순종'은 곧 '사모로서의 모범'이 된다.

사모의 순종이 떨어지는 그곳에 하나님의 기쁜 열매가 맺힌다. 사모는 가난과 고난과 수고로움 속에서도 오직 하나님께 순종하는 삶이 틀리지 않음을 보여줄 사명이 있다고 끈질기게 믿어야 한다.

사모의
영적인 영향력

민수기에서 하나님은 '싸움에 나갈 만한 모든 자'를 계수하라고 말씀하신다. 하나님은 하나님의 백성을 '하나님의 군대'라고 부르신다. 성도는 영적 전투력을 갖춘 영적 군사여야 한다. 하지만 그렇지 못한 채 영적 전쟁터 한가운데 있는 성도들이 지금도 많다.

너희는 이스라엘 자손의 모든 회중 각 남자의 수를 그들의 종족과 조상의 가문에 따라 그 명수대로 계수할지니 이스라엘 중 이십 세 이상으로 싸움에 나갈 만한 모든 자를 너와 아론은 그 진영별로 계수하되 민 1:2,3

사모, 영적 군사로 부름 받다

자기 자신만 지키기 위해 군사가 되는 자가 없듯이, 군사는 자신과 주위 사람들을 지키기 위해 싸우는 자들이다. 자기 환자들에게만은 메르스가 오지 못하게 저승사자를 물고 늘어지겠다고 하던 어느 간호사의 선포처럼, 하나님께서는 주위 사람들을 악한 영으로부터 지키고 하나님께로 인도할 영적 군사를 찾으신다. 하나님의 백성을 대적하는 자들을 대적할 자들을 찾으신다.

사모 역시 '영적 군사'로 부름 받은 사람들이다. 군사는 언제 있을지 모르는 전쟁에 대비하여 열심히 기초 체력과 전투 능력을 연마해야 하며 항상 깨어 있어야 한다.

민수기 2장에 보면 이스라엘 자손 각 지파의 진영이 회막을 중심으로 회막을 향하여 사방으로 진을 쳤듯이, 하나님의 군대는 하나님과 하나님의 말씀으로 무장한 자들이어야 한다. 사모는 그 누구보다 많은 예배를 드리게 된다. 그러나 예배를 많이 드리는 것과 하나님과 매일 일대일로 만나 말씀과 기도로 나아가는 '생명의 교제'를 훈련하는 것은 다르다. 매일 묵상한 하나님의 말씀을 짧은 제목으로 요약하여 종일 수시로 기억하고, 말씀을 품고 말씀과 동행하는 것이야말로 모든 영적 군사의 기초 체력 훈련이자 전투 능력이다. 하나님과의 살아 있는 교제는 공동체의 리더인 부모와 사모가 반드시 갖추어야 할 능력이자 훈련이며, 면허이다.

악한 영의 궤계를 꿰뚫어 보라

사모는 강단에서 하나님의 말씀을 선포하는 사람이 아니다. 그렇다면 왜 이렇게까지 말씀과 기도로 충만하고, 깨어 있어야 하고, 훈련되어야 할까? 여러 이유 중에 하나는 악한 영이 하나님과 우리 사이를 수시로 충동질하고 미혹하며 그것이 누구의 소행인지조차 헷갈리게 하기 때문이다.

어느 목회자 부부 모임에서 있었던 일이다. 목사님 한 분이 그동안 관계가 힘들던 장로님이 요즘 많이 바뀌어서 감사하다고 이야기하셨다. 모두 잘된 일이라고 입을 모으고 있는데, 그 목사님의 사모님이 갑자기 좋아지긴 뭐가 좋아졌느냐며 그동안 있었던 마음 아픈 이야기를 쏟아놓으셨다. 순간 나는 그 목사님을 쳐다보았고, 고통스럽게 일그러지던 목사님의 표정을 잊을 수가 없다. 목사님이 기도하며 느꼈던 작은 희망이 한순간에 무너지는 것 같아 보였기 때문이다.

사모로서 가장 고통스러운 일 중의 하나가 남편과 성도 간에 관계가 좋지 않은 것이다. 마음이 불편하고, 고통스럽고, 걱정스럽다. 이때 사모도 사람인지라 팔이 안으로 굽기 마련이다. 자꾸만 성도에게 서운하고, 성도가 원망스럽고 미워질 수 있다. 그러나 어렵더라도 사모는 정신을 바짝 차리고, 남편과 성도 너머에 있는 보이지 않는 악한 영의 궤계를 보아야 한다. 사건과 사람들 뒤에서, 나를 속이고 나의 원망과 두려움과 서운한 마

음을 기다리는 사탄의 존재와 궤계가 있음을 반드시 기억해야
한다.

마귀의 박장대소

내가 예수님을 믿게 된 지 일 년쯤 되었을 때였다. 당시 나는
대학에서 조교로 근무하고 있었는데, 통근버스를 타러 가던 길
에 어느 구멍에 발이 빠지면서 세게 넘어졌다. 무릎을 꿇는 자세
로 넘어진 것이 아니라 나무판자가 넘어가듯 일자로 넘어지면서
배 부분에 흙이 잔뜩 묻었다. 하지만 통근버스를 놓칠세라 툴툴
털고 일어나 급히 출근을 했다.

그날 시험 감독을 들어갔을 때였다. 어딘가 무척 아픈데 정확
히 어디가 아픈지 모르겠고 급기야 식은땀까지 나며 정신을 차
리기가 어려웠다. 나는 가까스로 답안지를 걷었고 과사무실로
와서 정신을 잃고 말았다. 곧바로 병원으로 실려갔는데, 신장결
석이라는 진단을 받았다. 출근길에 넘어지면서 결석이 움직여
극심한 통증 쇼크(pain shock)가 온 것 같다는 것이다.

그 당시에는 별다른 치료법이 없어 결국 수술을 해야만 했다.
나와 같은 병실에 입원한 사람도 자기가 이미 그 수술을 했다고
하며 수술 부위를 보여주었는데, 수술 부위가 너무 넓어 어머니
는 보자마자 바닥에 주저앉으시고 말았다.

그날 밤 나는 패닉 상태에 빠져 벌벌 떨며 침대에 누워 있었다. 기도조차 나오지 않아 천장만 바라보고 있던 그때, 천장 왼쪽 구석에 까만 형체가 나타나 깔깔 웃기 시작했다. 마귀였다. 소름이 끼치는 중에, 나를 비웃는 소리가 들렸다.

'그래, 예수 믿어도 별 볼 일 없지? 예수가 너를 안 지켜주지? 뭐 하러 예수 믿어?'

그때 천장 오른쪽에서도 무언가가 나타났다. 구름 모양 비슷했지만 그건 분명 하나님이셨다. 너무 근심하고 슬퍼하시는 표정이 역력했다. 그 표정을 보는 순간, 하나님의 메시지가 들리는 듯 내 가슴에 들어와 박혔다.

'너에게 어려운 일이 생겼다고 해서 나의 인도와 보호를 의심하지 마라. 그럴 때마다 사탄은 저렇게 박장대소하며 좋아할 것이고, 너의 마음을 흔들어 내게서 떼어 놓으려 할 것이다. 마귀는 너를 속이는 자란다. 미혹하는 자란다. 나를 의지하지 못한 채 두려움에 떨고 있는 너를 보고 있는 것이 너무 슬프고 고통스럽다.'

이 특별한 체험 이후 나는 이 땅 위에 하나님과 나만 있는 것이 아니라 악한 영도 함께 있다는 것과 악한 영이 누구보다도 열심히 일하고 있다는 것과 그들의 궤계를 잘 분별하여 속지 말아야 한다는 것을 명심하게 되었다.

사모에게 주신 영적 영향력

사모의 한마디는 남편인 목회자와 성도들에게 큰 힘이 있다. 사모가 본 것을 남편에게 전달할 때에도 어떤 관점에서 보았느냐에 따라 이야기가 매우 달라진다. 부모가 그러하듯 사모라는 리더에게 하나님께서 주신 힘이 있다. 그 힘을 어떻게 사용하느냐에 따라 위대한 리더가 되기도 하고, 위험한 리더가 되기도 한다. 그래서 사모는 앞에서 이끌어가는 역할이 아님에도 불구하고, 그 영향력이 클 수밖에 없다.

그러므로 사모는 사건과 사람을 볼 때 한 남편의 아내로서만 볼 것(micro view)이 아니라, 교회와 목회자인 남편을 포함하여 그 위에 계신 하나님의 관점(meta view)으로 볼 수 있어야 한다. 또한 눈앞에 보이는 사건과 사람만 볼 것이 아니라, 그 뒤에서 일하는 악한 영의 역사도 볼 수 있어야 한다. 그래야 영적 전쟁에서 승리할 수 있다.

사모가 오직 하나님의 말씀과 그분의 영으로 가득할 때, 비로소 올바르고 강력한 주님의 영향력 가운데 거하게 된다. 사모가 주님의 영향력 가운데 있다면 그 영향력은 남편에게로, 자녀에게로, 교회로, 성도에게로 흘러갈 수밖에 없다.

그러므로 사모는 하나님과의 깊은 교제를 통해 더욱 하나님과 말씀 안에 거하고 머물러야 한다. 그 '머무름'(딤후 3:14)이 곧 사모의 영적인 영향력이 된다.

성경은 하나님의 사람을 유능하게 하고, 그에게 온갖 선한 일을 할 수 있게 하는 것입니다. 딤후 3:17 새번역

그러나 그대는 그대가 배워서 굳게 믿는 그 진리 안에 머무십시오. 그대는 그것을 누구에게서 배웠는지를 알고 있습니다.

딤후 3:14 새번역

★ ★ ★ ★ ★

02

사모가 배우고
익힐 것이 있다

사모의
자녀 양육

사모는 대부분 어머니이기도 하다. 그러므로 사모는 가정의 리더로서 가정과 자녀를 하나님의 뜻대로 잘 세워나가야 한다. 그런데 목회자와 사모에게, 특히 사모에게 자녀 양육은 결코 쉽지 않다.

목회자 자녀의 남모를 상처

남편이 젊은 부교역자 시절에 사모는 대부분 아이를 낳아 엄마가 된다. 남편은 신학을 배우며 사역하고 있으며 교회 사역에 최우선 순위를 두고 있으니, 육아에 있어서 남편의 도움을 받기란 여간 어려운 일이 아니다.

그러다보니 자녀들을 거의 사모 혼자 키워야 하는 것이 현실이다. 교회에 잘 다니는 남자(?)와 결혼했지만, 주일예배조차 남편의 도움 없이 혼자서 갓난아이와 가방을 둘러메고 힘겹게 다니게 된다. 젊은 사모들의 이야기를 들어보면, 남편을 이해하다가도 독박 육아의 한계 상황에 몰릴 때 남편이 그렇게 밉고 원망스러울 수가 없다고 한다. 원망과 회개를 오가며 어린 자녀들을 홀로 키우는 그 시간부터 사모의 수고와 헌신은 시작되고, 엄마가 된 사모는 여러 어려움을 겪게 된다.

그뿐만이 아니다. 온 성도들이 목회자 가정의 자녀들이 어떻게 자라는지를 지켜보고 있다. 덕분에 성도들의 많은 기도를 받으며 자라나는 축복을 누리지만, 때로는 그것이 아이들과 사모에게 부담이 되는 것도 사실이다. 그러다보면 엄마인 사모는 "인사 잘해라"부터 "예배 시간에 늦지 말아라, 단정하게 입어라, 공부도 열심히 해야 한다" 등의 잔소리로 자녀가 목회자의 자녀답게 보이기를 원하게 된다.

그런데 상담을 하다보면, 남의 눈을 의식하는 부모 밑에서 자라는 자녀의 마음이 다른 어떤 상황에서보다 더 큰 상처를 받게 된다는 것을 알 수 있다. 30여 년간 상담을 하면서 부모가 다른 사람을 의식하고 거기에 맞추어 행동하라고 요구할 때마다 자녀들의 마음이 상한다는 것을 발견하고 번번이 놀라곤 한다. 아마도 타인에게 어떻게 보일지에 쏠린 관심 때문에, 정작 자녀에게 관심을 가지고 자녀의 마음과 상황을 돌보아야 하는 중요한 타이밍을 자주 놓치기 때문일 것이다. 이것이 목회자의 자녀에게 유독 상처가 많은 이유 중의 하나일 것이다.

목회자의 자녀들만이 느끼는 말하기 힘든 부담감도 있다. 나는 자녀들을 키우면서, 아이들이 목사의 자녀로서 사람들의 시선과 책임감에 눌리게 될까봐 단 한 번도 "너는 목사의 자녀이니 잘해야 한다"라는 식의 말을 해본 적이 없다. 그런 식의 생각과 말은 절대 하고 싶지 않았다. 그런데 아이들이 성인이 되자 "아빠도 엄마도 우리에게 부담을 주시지 않았지만, 우리는 늘 부담을 느꼈다"라고 이야기하는 게 아닌가. 아빠 엄마는 목회자의 자녀가 아니어서 모른다면서 말이다.

그래서 목회자의 자녀들은 그 마음을 더욱 잘 돌봐주어야 한다. 그러기 위해서는 부모인 목회자와 사모가 성도들의 기도와 관심에 감사하면서도 성도들을 지나치게 의식하지 말아야 한다. 그래야 자녀들도 편안하게 성장할 것이다. 교회와 성도 앞이 아닌 하나님 앞에서 자녀들이 어떻게 자라기를 바라는지 그들에게 잘 전달해야 한다.

자녀 양육의 우선순위

커다란 유리병에 큰 돌과 작은 돌, 모래까지 다 넣으려면 모래부터 넣어서는 안 된다. 그러면 그림1의 A처럼 큰 돌이 들어갈 자

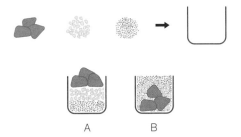

그림1 우선순위

리가 부족할 것이다. 반대로 B처럼 큰 돌을 먼저 넣고 작은 돌을 넣으면, 큰 돌 사이에 작은 돌이 들어가고, 마지막에 넣은 모래 역시 그 안에 촘촘하게 다 들어가게 된다. 이렇게 무엇을 먼저 넣느냐에 따라 결과가 달라진다.

이처럼 부모가 자녀를 양육할 때 우선적으로 신경 써야 할 우선순위가 있음을 알아야 한다.

첫째로, 어려서부터 말씀과 기도로 하나님을 만날 수 있도록 자녀들의 시간표에 우선순위를 세워주고, 하나님과 교제하는 시간이 행복할 수 있도록 잘 보살펴야 한다. 부모와 함께 말씀에서 받은 은혜를 나누는 시간을 가질 때, 언젠가는 자녀들이 인격적으로 하나님을 깊이 만나게 될 것이다. 하나님의 말씀을 통해 하나님과 관계 맺는 법을 배운 자녀들은 부모나 타인들과도 어떻게 관계를 맺어야 하는지를 알게 되고, 하나님께서 자신

하나님 • 인생 • 관계	부모의 모범	학습력 • 기술	자녀
‖	‖	‖	
행복	행복하게 사는 모습	필요한 능력과 방법	

그림 2 자녀 양육의 우선순위

을 얼마나 존귀하게 여기시는지도 알게 된다.

둘째로, 배운 것을 눈으로 목도할 수 있도록 부모는 모범을 보여주어야 한다. 부모가 먼저 말씀과 기도로 하나님과 교제하고, 부부가 서로 사랑하며, 자녀를 행복하게 해주고, 성도를 아끼는 모습을 보여줄 때, 자녀들도 자연스럽게 하나님과 교제하며 자라게 되고, 마음에는 안정감과 정서적 만족감이 자리 잡게 된다.

셋째로 위에서 말한 자녀 양육의 우선순위를 지켜나갈 때, 자녀들은 하나님의 말씀 속에서 자신이 얼마나 중요하고 사랑받는 존재인지를 알게 되고, 부모의 모범 속에서 안정감을 얻어, 자신의 때가 되었을 때, 이 땅 위에서 배워야 할 것들을 잘 습득해 나가게 된다. 그것이 공부든 일이든 말이다. 물론 아이의 타고난 기질에 따라 조금씩 다르고 부모의 태도에 따라 차이는 있지만, 자기가 누구인지 알고 있기 때문에 자라면서 어떤 노력을 해야 하는지도 알게 된다.

　목회자의 자녀가 가정 안에서 하나님을 사랑하는 자녀, 자신이 해야 할 공부나 하고 싶은 일들을 잘해 나가는 자녀로 자라간다면, 고단한 목회생활 속에서 얼마나 큰 기쁨이요 감사겠는가! 부모가 자녀 양육의 우선순위를 견지한다면, 자녀들은 자신의 때가 되었을 때 해야 할 공부나 하고 싶은 일을 잘해 나가게 된다. 하나님의 말씀도, 공부를 왜 해야 하는지도 가르쳐주지 않고 무조건 공부를 시킨 아이들과는 절대 같을 수가 없다. 나는 그것을 나의 자녀들을 통해 확인했고, '부모학교'의 부모들을 통해 늘 확인하고 있다. 하나님께서 크게 기뻐하시는 것은 물론이고, 자녀들 역시 매우 행복할 것이다. 하나님께서 바라시는 자녀 양육의 우선순위를 지키려는 어머니의 기도와 노력이 있다면, 이 세대 가운데서도 얼마든지 가능한 일이다. 하나님의 영광을 위해 공부하고, 하나님의 뜻을 이루기 위해 일하는 자녀가 탄생하게 될 것이다.

자녀 양육을 위해 훈련받으라

　크리스천의 자녀 교육은 세상 사람들과 같을 수 없고, 같아서도 안 된다. 더 나아가 크리스천의 자녀 교육은 전략적이어야 한다.

모두 자녀 교육을 나라에 맡기고, 기관에 맡기고, 타인에게 맡기는 추세다. 그러나 이 세대의 다른 부모들처럼 아이들을 무조건 학원에만 보내서는 하나님이 기뻐하시는 자녀 양육의 우선순위를 지켜낼 수 없다. 아이들이 초등학교 고학년만 되어도 학원에서 늦게 돌아와 얼굴 볼 새가 없는데, 어떻게 자녀와 함께 하나님의 말씀을 나누고, 오늘은 교회에 기도하러 가자고 할 수 있으며, 어떻게 행복한 부모와의 데이트 시간을 가질 수 있겠는가.

마치 연어가 물살을 거슬러 올라가듯이 이 세대를 거슬러 가야 하는 것이 바로 크리스천의 자녀 양육이다. 무조건 학원에 보내지 말라는 말이 아니다. 무분별한 사교육을 지양하여 시간의 우선순위를 확보하자는 말이다.

자녀에 대한 영적인 일차적 책임과 열쇠는 부모에게 있다. 그러니 부모 자신이 하나님의 관점으로 무장하고, 자녀 양육에 필요한 부모의 치유, 의사소통 기술, 하나님과 교제하는 법 등을 배우고, 훈련해야 한다. 그래야 힘든 목회의 길이지만, 또한 부모로서는 쉬운 멍에를 메고 짐은 가벼워지리라 확신한다. 부모로서 어머니로서 받은 훈련이 목회에 근본적인 도움이 되리라 확신한다. 내가 그랬듯이! (자녀 양육에 대한 더 자세한 내용은《부모 면허》를 참고하기 바란다.)

아무리 바쁜 목회 사역이지만 목회자에게는 목회자 가정의 한 영혼인 아내, 자녀를 향한 관심과 목양이 절실하다. 목회자 부부가 수많은 영혼을 얻느라 목회자 자녀의 영혼을 얻지 못한다면 얼마나 슬픈 일인가. 내 가정을 세울 수 없는데 누구의 가정인들 세울 수 있겠는가.

치유된
치유자가 되라

이 땅 위에 성숙한 사람, 상처가 없는 사람은 많지 않다. 성숙한 성도, 상처가 없는 성도도 많지 않다. 그래서 교회 안에도 마음이 아픈 성도들이 많다. 그러다보니 성도들은 지도자를 위해 기도하고 복을 빌어주기도 하지만, 언제 그랬냐는 듯 원망하고 탓을 하기도 한다. 그래서 목회자가 그 교회에 처음 부임했을 때 유난히 잘 대해주던 성도가 또 유난히 목회자를 많이 힘들게 한다는 속설이 전혀 근거 없는 이야기는 아니다.

그만큼 목회자나 사모를 가까운 사람으로 느끼고 싶었지만, 과거에 자신과 가까웠던 사람들로부터 부정적 경험이 있는 성도라면, 무의식중에 목사님이나 사모님과도 부정적 경험이 생길 수 있다는 생각을 하게 되고, 그러다보면 오해나 왜곡이 일어나기가 쉬워지기 때문이다. 상담 현장에서도 내담자가 자신을 보는 눈이 부정적일 경우 타인들도 자신을 그렇게 볼 것으로 생각하고, 상담사의 마음을 부정적으로 속단하여 관계와 소통이 어려워지는 경우가 있는 것처럼 말이다.

사모는 건강해야 하고 치유를 경험해야 한다

물론 이런 성도들이 무조건 목회자를 힘들게 하거나 문제 있는 성도라는 말은 아니다. 자신의 마음이 아프다는 것도, 상대방에게 사랑을 보여주고 상대방의 사랑을 확인하는 방법도 잘 모르는 경우가 대부분이다. 다시 말해, 도움이 필요한 상태의 사람들이라는 것이다. 그러나 그런 성도일수록 목회자나 사모에게 자신의 가장 힘든 부분이나 상황을 선뜻 보여주지 않는다.

그뿐만 아니라 자기 자신조차 자신의 상태를 정확히 알지 못한 채 덮어두기에 급급하다보니, 주위에서 그 마음을 알아차리기란 여간 어려운 것이 아니다. 마음이 힘들고 도움이 필요한 상태인지 모른 채 누군가 곁에서 농담을 하거나 행복하게 웃고 떠들기만 해도, 마음이 아픈 성도는 시험에 들고 혼자서 마음이 더 어려워질 수 있다.

따라서 사모는 건강해야 하고, 치유되어야 한다. 왜냐하면 이런 상황에서 사모까지 심리적으로 건강하지 못하다면, 끝내 성도의 아픈 모습은 보지 못한 채 사모 내면에 처절한 피해의식만 남을 수 있다. 이런 일들이 하나둘 쌓이다보면 사모 자신은 물론이고 교회 공동체 안에 많은 어려움이 생길 수밖에 없다.

당연히 사모에게도 상처가 있을 수 있다. 그러나 상처가 있느냐 없느냐, 많으냐 적으냐가 중요한 것이 아니라, 상처가 치유되었느냐 아니냐가 중요하다. 자녀를 양육할 때 부모의 심리적 건강은 매우 중요하다. 부모가 치유될 때 자신을 알고, 타인인 자녀를 더 이해하게 되기 때문이다. 사모도 마찬가지다. 사모가 치유될 때 자기 자신을 알게 되고, 타인인 성도를 더 잘 이해하게 된다.

어찌 보면 자기 자신이 상처가 있었으나 치유를 경험한 사모가, 상처가 거의 없었던 사모보다 더 좋은 사모의 역할을 감당할 수 있다고 말하고 싶다. '나와 너'를 더 잘 알고 더 깊이 이해할 수 있는 경험이 있기 때문이다.

날 사랑하신 십자가의 은혜

나의 원가정은 예수를 믿는 사람이라곤 한 명도 없는 불교 집안이었다. 아버지는 유능했고, 외모도 좋았고, 패션 감각도 뛰어났지만, 성격이 급하고, 외도에 빠져 있었다. 온순하고 어여뻤던 엄마는 점점 더 자신감을 잃어버린 채 많은 식구를 위해 끊임없이 일만 하셨다.

결국에는 여러 번 자살 시도를 하셨다. 늦둥이인 나는 그런 엄마를 지키려고 세상에 태어난 줄 알고 살았다. 수치심도, 적개심도, 염려와 불안도 높았다. 나도 엄마처럼 누군가에게 버림을 받지 않을까, 그리고 엄마가 생명을 끊어버리면 어떡하나 그것이 늘 두려웠다. 아빠가 좋기도 한데 밉기도 하고, 자랑스러울 때도 있지만 너무 부끄러울 때가 많았다. 나를 사랑하지만 엄마를 울게 하는 아빠를 사랑하면 안 될 것 같았다.

부유했지만 집안은 늘 침울했다. 착한 할아버지는 머리가 좋은 할머니 앞에서 무기력하셨고, 아버지는 머리 좋고 기가 센 할머니와 고모를 좋아하지 않으셨다. 그리고 할머니와 고모가 아무리 엄마를 괴롭혀도, 엄마와 아버지 사이에 다툼이 커져도, 다 자란 언니 오빠들은 엄마를 지키러 방에서 나오지 않았다. 나중에서야 언니 오빠들도 어리고 무기력했음을 알게 되었다. 하지만 당시에는 언니 오빠들을 이해할 수 없었다.

너무나 불편한 가족관계 속에서 좋은 분위기를 만들어보고자 혼자서 애를 써도 가장 어린 내가 할 수 있는 것은 아무것도 없었다. 다 자라 청년이 되었을 때, 아버지상(像)을 가진 어른 남자가 중대한 잘못이라도 하면 나는 그것을 그냥 넘기지 못했다. 대들고, 파헤치고, 지적하고, 상대방이 잘못을 인정할 때까지 물러설 줄 몰랐다. 젊은 남성들이 호감을 표시해도 그들이 불편했고, 그들을 어떻게 대해야 할지 몰랐다. 그러나 한편으로는 나 자신에 대한 열등감과 우월감이 교차하면서 홀로 있을 때 너무 괴롭고 외로웠다.

그런 내가 스물다섯 살이 되었을 때 하나님을 만나게 되었다. 하나님께서 나를 만나주셨고, 죄가 죄인 줄 알게 되었다. 나의 그 죄가 주님을 십자가에 못 박았다는 사실 앞에, 처음 듣는 그 사랑 앞에, 뼈가 아프도록 회개하였고 끝없는 눈물로 감사하였다. 나의 죄를 용서하시고 영생을 주신 것도 감사했지만, '날 사랑하셔서'라는 말도 안 되는 이유, 말도 안 되는 은혜가 나를 완전히 바꾸어놓았다.

열등감과 우월감이 내게서 점차 힘을 잃어갔고, 용서가 무엇인지 알고 나니 남의 잘못을 정죄하고 드러내려는 나의 속마음이 점점 고통스러워졌다. 남자가 여자의 머리라는 하나님의 말씀에 순종하려고 노력하다보니, 남성에게 심어놓으신 존귀함이 보이기 시작했다. 카오스의 세계에서 살던 나는 하나님의 질서가 너무 좋았다.

또 한 번의 치유의 기적

하나님은 내게 믿음과 성품이 좋은 남편을 주셨다. 하지만 하나님을 알게 되면서 많은 치유와 회복을 경험했는데도, 결혼을 하고 나니 남편이 마치 나의 친정아버지처럼 보이고, 나는 친정엄마처럼 느껴지는 것이 아닌가! 남편이 나를 버릴 것만 같았고, 그래서 나는 버림받은 여자 같은 느낌이 들었다. 신혼 6개월 동안 나는 기름 한 방울 두르지 않은 프라이팬에 볶아대듯 신랑을 힘들게 했다.

그러나 남편은 결혼 전에 들려준 나의 원가정 이야기를 기억하고 "장인어른과 나는 똑같은 남자이지만, 내 안에는 주님이 계신다"라고 나를 달래고 안심시켜주었으며, 어제도 오늘도 내일도 변함없이 대해주었다. 밤이면 가위에 눌리는 나를 붙잡고 씨름하듯이 기도하기를 6개월쯤 하고 나니, 그제야 나는 무척 안정되고 정신적으로도 건강해졌다.

친정아버지와 어머니 사이에서 받았던 모든 상처가 옅어지고, 사라지고, 그래서 더욱 작은 일에도 감사하며, 힘든 상황에서도 행복하게 가족 구성원을 섬길 수 있었다. 오직 주님의 통치를 받는 내가 되어, 주님의 뜻에 순종하는 가정을 이루어보고 싶었다. 주님의 십자가 사랑에 이어 또 한 번의 치유의 기적이 일어난 것이다.

내 안에 더 깊은 치유와 회복이 일어나자 내 주위에 마음이 아픈 사람들이 자꾸 모여들기 시작했다. 나는 그들의 이야기를 들었을 뿐인데, 그들은 내게 상담을 받는다는 표현을 쓰곤 했다. 어느 날 남편은 내게 "당신은 상담을 배워야 할 것 같다"라고 말했고, 그렇게 배우게 된 상담을 통해 나는 또 한 번의 깊은 치유를 경험했다.

치유된 치유자

"인간의 성장 과정은 부모로부터 이해받는 과정이다."

상담을 배우던 첫날 첫 강의에서 들었던 말이다. 이유를 알수 없는 눈물이 흐르기 시작했다.

'그렇구나. 나의 성장 과정은 부모로부터 이해받는 과정이어야 했던 거구나. 그런데 그 부모로부터 상처받고, 미워하고, 서로 반대편에 서 있고, 때론 내가 부모를 지켜야만 한다고 생각하고, 사라질까 두려워하고…. 그렇게 살았구나.'

어린 내가 정말 힘들었겠다는 마음이 들었고, 어쩔 줄 몰라 좌충우돌하던 청년 시절의 나를 꼭 안아주고 싶었다.

그 후로 죄와 상처를 빌미로 들어온 사탄에게 짓밟힌 인간의 내면과 관계가 내 눈에 더 잘 보이기 시작했다. 그런 일이 일어나기 쉬운 곳이 바로 가정이요, 부부와 부모 자녀 간이라는 것도 확인할 수 있었다. 은밀한 상처를 지닌 그 사람을 판단할 것인지, 아니면 마음이 아픈 사람이자 도움이 필요한 사람으로 볼 것인지를 결정하는 일이 어렵지 않았다. 치유된 치유자가 된 것이다.

사모가 치유될 때 부모와의 관계, 자신과의 관계, 하나님과의 관계는 물론이고 남편과의 관계, 자녀와의 관계, 성도와의 관계 등 모든 관계가 점차 회복되는 역사가 일어난다. 그러기에 수많은 관계 속에서 살아야 하는 사모는 치유를 경험해야만 한다. 이 책을 읽는 모든 사모님들이 구체적인 치유를 경험하게 되기를 간절히 소망한다.

사모의
상담적 접근법

나는 나에게 상담을 받은 분들께 갚을 길 없는 빚을 졌다고 생각한다. 왜냐하면 그 분들의 고통스러운 삶을 통해 많은 이론을 확인하고, 상처받은 사람을 안내하는 법을 알게 되었기 때문이다. 자신의 상처가 잘 치유되었거나 자신의 상처를 아예 모르고 지내는 사람은 있어도 상처가 전혀 없는 사람은 없다. 그래서 상담의 경험은 목회 현장에서 정말 큰 도움이 되었다.

주님의 기쁨이 흘러넘치는 치유와 상담

물론 상담을 하다보면 나에게서 정말 많은 에너지가 빨려 나가는 것을 느낀다. 때로는 내 생명의 한 조각을 떼주고 온 느낌이 들기도 한다. 내담자가 들고 온 지난날의 가장 고통스러운 이야기를 들으며, 그의 심정에 공감하고, 내 안에 담고(contain), 기도로 주님께 아뢰며, 끊임없이 상황과 내담자를 분석하여 전달해주다보면 내담자는 점차 짐이 가벼워지는 반면 상담사인 나는 그만큼 힘이 들게 된다.

그럼에도 불구하고 내담자가 외면하던 자신의 상처를 직면하고, 부모를 객관적으로 보게 되며, 힘든 일들을 이겨내느라 생긴 자신의 좋지 않은 태도를 인정하고, 상처받은 자신을 포용하고, 여기까지 내 곁에서 동행하시며 나와 함께 아파하신 주님을 발견할 때, 즉 치유를 경험할 때 그 기쁨이 너무 커서 상담사 개인의 기쁨이 아니라 주님이 얼마나 기뻐하시는지를 알 수 있다. 마치 한 영혼을 전도했을 때처럼 자유와 큰 기쁨을 내담자와 함께 느끼게 된다. 분명 크리스천 상담사의 자리는 하나님께서 축복하시는 복된 자리이다.

모든 사모들이 다 상담을 배우면 좋겠다는 말이 아니다. 상처 있는 성도들을 모두 상담해주라는 말도 아니다. 사모들도 각각 은사가 다르다. 그렇기 때문에 누구나 상담을 할 수도 없고 할 필요도 없다. 그러나 사모는 수많은 성도들 사이에서 생활하기 때문에 상담적 접근법 정도는 배우고 익히면 좋다.

사모가 배워야 하는 상담적 접근법

사모가 '상담적 접근법'을 능숙하게 사용하기 위해서는 먼저 사모 자신이 치유되어야 한다. 사모에게 상처가 있거나 상처가 많은 것이 약점이 될 수 없지만, 치유되지 않은 상처는 사모의 약점이 되어 악한 영의 공격에 자주 노출될 수 있기 때문이다.

다음 그림 3과 같이 부모는 자녀에게 사랑만 주고 싶고, 사랑만 흘려보냈다고 생각하지만, 결과적으로는 사랑의 관(管) 안에 부모의 아픔과 상처가 심지처럼 박혀 사랑과 함께 자녀에게로 흘러갈 수밖에 없다. 그것이 부모가 치유되어야 하는 이유이다.

마찬가지로 사모도 성도들에게 주님의 사랑만 흘려보내고 싶지만 자신도 모르게 사모의 치유되지 않은 상처가 그 안에 심지처럼 박혀 성도와 교회로 흘러갈 수 있다. 그래서 사모가 치유되어야 하는 것이다.

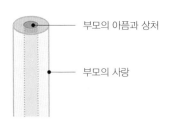

부모의 아픔과 상처

부모의 사랑

그림 3 자녀에게 흘러가는 부모의 사랑과 상처

1. 성도의 비밀 유지

사모의 상담적 접근법은 첫째, 성도의 비밀을 지키는 것이다. 상담가의 직업 윤리 중에 기밀 유지는 기본 중의 기본이다. 사모도 마찬가지다.

어느 교회에서는 사모님이 목사님과 함께 심방하는 것을 절대 원치 않는다고 한다. 이유는 사모님이 함께 심방했을 때 심방을 받은 가정의 비밀이 여기저기서 이야깃거리가 될 것을 염려하기 때문이라고 한다. 성도에게 들은 개인적인 이야기는 기도를 부탁하는 등의 좋은 의도라 해도 다른 사람에게 전하지 않는 것이 중요하다.

> 너는 이웃과 다투거든 변론만 하고 남의 은밀한 일은 누설하지 말라 듣는 자가 너를 꾸짖을 터이요 또 네게 대한 악평이 네게서 떠나지 아니할까 두려우니라 잠 25:9,10

성경은 심지어 이웃과의 관계에서 오해나 어려움이 생겼을 때도 이웃의 은밀한 일은 누설하지 말라고 말씀한다. 남의 비밀을 소중히 여기는 자가 되라고 하신다. 이는 목사와 사모가 하나님의 믿음직한 심부름꾼이 되기 위한 중요한 자세라고 하겠다.

2. 일정한 거리 유지

둘째, 모든 성도와 일정한 거리를 유지하려고 노력하는 것이다. 성도 중에 친구를 두어서는 안 된다는 말이다.

사모도 사람인데, 더 따뜻하고 편안한 성도가 왜 없겠는가. 그러나 사모가 특정한 성도와 친해지면 그 모습을 본 다른 성도들이 상처를 받게 된다. 물론 사모도 외로울 때가 있지만, 내가 외롭다고 해서 성도들이 시험에 들지 모를 선택을 할 수는 없다. 상담사들도 상담이 진행 중인 내담자와 식사를 한다든지 개인적 친분을 쌓는 일이 없도록 노력한다. 전문적인 거리를 유지하며 개인적인 관계를 최소화할 때, 상담의 어려움도 최소화되기 때문이다. 사모의 역할에서도 그러하다.

3. 존중의 눈길

셋째, 성도를 평가하거나 판단하지 않는 존중의 눈길이다.

상담을 할 때, 상담사에게 내담자에 대한 선입견이나 평가하는 마음이 있으면 절대 효과적인 상담이 될 수 없다. 집에서 키우는 반려견도 누가 자기를 예뻐하는지 싫어하는지 아는데, 사람이 그 눈길을 모를 리 없다. 상담에서 상담사가 판단을 유보하고 내담자와 내담자의 인생을 존중하는 것이 매우 중요하듯이, 성도를 대하는 사모의 눈길에 섣부른 평가나 판단이 아닌 성도의 존재와 그의 삶을 존중하는 태도가 담기는 것은 매우 중요하다. 특히 사모는 교회 안에서 성도들에 대해 듣는 이야기가 많기 때문에, 더욱 성도를 판단하지 않으려는 각별한 노력이 필요하다.

상담사인 내 주위에 늘 머물러 있으면서도 자신의 문제를 들고 상담하러 오지 못한 채 주변에서 맴도는 사람들이 있다. 여러 면에서 아직 준비되지 않았기 때문에 다가오지 못하는 것이다. 상담은 교육과 달라서 내담자가 원하지 않는 상태에서는 이루어지지도 않고 효과를 볼 수도 없다. 그렇기 때문에 몇 년이고 기다릴 때가 있다.

성도들 중에서도 사모 주위를 맴돌지만 가까이 다가오지 못하는 이들이 있다. 늘 멀찌감치 떨어져 있다고 해서 나를 좋아하지 않는 성도라고 판단하지 말아야 한다. 그들을 따듯한 눈길로 바라보고 기도하는 것이 사모의 상담적 접근법이다.

사모의
코칭적 접근법

내가 D상담코칭센터에서 전문 코치로 근무할 때, 매우 인상적인 경험을 했다. 건물 7층에는 코치들이, 6층에는 상담사들이 근무하고 있었는데, 퇴근할 때 엘리베이터를 타고 내려가다보면 바로 아래 6층에서 상담사 선생님들이 타실 때가 많았다. 동료 코치들과 아무 생각 없이 웃고 떠들다가 6층에서 상담사 선생님들이 타시면 어색하리만큼 전혀 다른 에너지를 느끼곤 했다.

심지어 나는 상담과 코칭을 함께하고 있었는데도 불구하고, 코칭을 끝내고 내려가는 엘리베이터 안에서 상담사 선생님들과 마주치는 순간에 느끼는 에너지 레벨의 차이가 매번 충격적이었다.

상담과 코칭이라는 갈망의 공존

과거에 힘들었던 경험으로 지금도 내면의 어려움을 겪고 있는 사람들이 받는 것이 상담이다. 상담사들은 내담자의 심리 상태를 공감하고 담아두는(contain) 데 공을 들인다. 그러다보니 상담사 선생님들의 얼굴에는 언제 내담자를 만나도 어색하지 않을 진중함이 가득하다.

그에 비해 현재와 미래의 변화와 성장을 필요로 하는 사람들이 받는 것이 코칭이다. 코치들은 무엇보다 코칭 철학으로 무장하고 내면화되어야 한다. 코칭 철학은 다음과 같다.

① 사람은 누구나 가능성과 잠재 능력이 있다.
② 사람은 누구나 자신이 원하는 것을 찾고 있다.
③ 사람은 누구나 내면에 문제를 해결할 능력을 가지고 있다.
④ 이 모든 것을 코치와 함께할 때 더 쉽게 찾을 수 있다.

이런 코칭 철학으로 무장한 코치는 피코치(코칭을 받는 사람)와 수평적 파트너십 가운데, 피코치가 자기 내면에 있는 자원과 원하는 바를 발견하여 최상의 가치를 극대화할 수 있도록 돕는 역할을 한다. 그렇기 때문에 코치들의 얼굴에는 사람에 대한 호기심과 확신이 있고, 언제라도 그들을 응원할 준비가 되어 있다. 그러니 어찌 코치와 상담사의 분위기가 같을 수 있겠는가.

그런데 한 사람의 내면에도 극명하게 다른 두 부분이 공존한다. 상처받은 약함이 있지만, 변화와 성장을 향한 갈망 역시 상처 못지않게 강하게 자리 잡고 있다.

피코치를 바라보는 코치의 눈길

내 경우에 상담은 생전에 남편이 배우기를 권유했다. 그래서 상담은 나의 평생에 하나님의 뜻을 이루는 중요한 무기 중의 하나가 되었다. 30여 년간의 수많은 상담 사례가 없었다면, 부모학교를 운영하지 않았거나 적어도 커리큘럼이 지금과는 전혀 달랐을 것이다.

상담과는 다르게 코칭은 남편이 하늘로 떠난 후 하나님께서 직접 내게 배우기를 명령하셨다. 오랫동안 상담을 해왔던 나로서는 사람의 아픔과 약한 면을 보는 눈이 매우 발달해 있었다. 그런 내가 한 사람의 가능성과 잠재 능력을 보고, 그가 자신이 문제를 해결할 수 있다고 믿고, 그의 바람(want)에 대해 이야기하는 일은 결코 쉽지 않았다. 마치 쓰지 않던 왼손을 오른손처럼 쓸 수 있도록 훈련하는 것과 같았다. 나는 매번 나이 먹은 내 몸이 코칭을 배우고 싶지 않다고 강하게 거부하는 것을 느끼곤했다.

더구나 코치는 피코치를 이끌고 가지 않는다. 오직 수평적 관계 속에서 피코치 본인이 원하는 것이 무엇인지 발견할 수 있도록 질문하고, 그것이 하나님의 뜻에 맞는지 확인하게 하고, 원하는 것을 이룰 수 있는 자신의 자원이 무엇인지 생각하게 하고, 코칭 받는 사람의 가슴이 뛸 수 있도록 상상의 나래를 펴게 하고, 그가 변화하고 성장할 수 있는 구체적인 방법을 생각하고 실천하도록 돕는다.

결국 코칭은 피코치 자신의 에너지와 잠재 능력으로 원하는 길을 찾아가도록 코치가 돕는 것이다. 그러므로 피코치를 바라보는 코치의 눈길이 매우 중요하다.

사모의 코치적 존재감

남편이 담임목사일 때, 교회에 등록한 지 오래되지 않은 성도가 교회 꽃꽂이에 대해 뭔가 부족하다는 뜻으로 이야기하는 것을 들은 적이 있다. 그 말을 들은 남편은 "집사님의 눈에 그런 부분이 보인다니, 집사님은 꽃꽂이에 은사와 열정이 많은 것 같아요"라며 그 성도와 이야기를 이어갔다. 이렇게 성도 누구나 원하는 것이 있고, 그가 그 문제를 해결할 잠재 능력이 있다고 믿으며, 무엇보다 성도를 응원하는 것이 목회자와 사모의 '코칭적 접근법'이다.

나는 상담이 종료되는 내담자에게 "이전에 당신의 약함이 이제 당신의 큰 능력"이라고 말하면서, 자신의 인생을 해석할 수 있게 되었고 다른 이에게 설명할 수 있다면, 이전의 상처와 아픔은 다른 사람들을 도울 수 있는 당신만의 고유한 능력이 되었다고 말해준다. 한 사람의 약점이 그의 장점과 능력이 되는 순간이다. 이 또한 코칭적 접근법이라 하겠다.

나는 코칭을 거듭할수록 가장 중요한 것은 '코치의 존재감'이라는 결론을 내리게 된다. 먼저 사람마다 하나님께서 주신 가능성과 잠재력이 있으며, 자신이 원하는 것을 찾아가고 있고, 문제를 해결할 답이 그 사람의 내면에 있다는 확신을 가져야 한다. 그런 관점으로 사람을 바라보는 코치의 존재감은 그것만으로도 만나는 사람들에게 신선한 기운을 부여한다.

성도를 대할 때, 그를 '내가 아는 성도 누구'로만 보지 말고, 그 성도를 기대하며 그를 알고 싶어 하는 코치적 호기심을 가진다면, 사모가 성도에게 어떤 행동이나 말을 하지 않았더라도 그 성도는 자신을 응원하는 힘을 느끼게 된다.

코치적 존재감은 피코치에게 무언가를 행하는 'Doing'보다는 어떤 눈으로 바라보느냐 하는 'Being'에 더 가깝다. 사모도 성도를 가르치고 이끌어 가는 사람이 아니라 성도와 수평적 관계에서 함께 걸으며 응원을 주고받는 대상임을 기억할 때, 사모의 코치적 존재감은 매우 중요하다.

전문적인 소통 기술에
눈을 뜨라

누구에게나 관계와 소통은 쉽지 않다. 사실 내가 자라온 세대만
해도 '소통'이나 '관계'라는 단어는 거의 들어보거나 읽어본 일이
없는 낯선 단어였다. 그러나 이제는 거의 모든 영역에서 소통과
관계를 이야기한다. 그리고 소통과 관계에 대해 배우고 익힐 것
을 요구한다. 누군가는 원활한 소통과 관계 위에서 자신의 능력
을 잘 구현해 내는가 하면, 어떤 이는 능력이 충분한데도 불구
하고 소통과 관계의 미숙함으로 어려움을 겪는 것을 보게 된다.

소통의 기술이 필요하다

특별히 가정처럼 친밀한 관계가 기대되는 공동체일수록 관계
와 소통의 어려움이 오히려 더 크다. 가끔 대학에서 교수와 학생

들 사이의 소통을 돕기 위해 의사소통 강의를 요청해오는 일이 있다. 학생들과의 소통을 어려워하는 교수님들을 도와드림으로써 학생들의 학업을 효과적으로 돕는 것이다.

한번은 어느 대학교에 소통에 관한 강의를 하러 갔다가 은퇴를 앞둔 노 교수님의 이야기를 듣게 되었다. 교수님이 논문을 쓰고 학위를 준비하던 젊은 시절에는 자녀들이 한창 아빠의 손길을 필요로 하고 함께 있기를 원했다고 한다. 하지만 늘 학교에서 살다시피 하며 자녀는 물론 아내와도 얼굴을 마주 보고 이야기 나눌 시간이 거의 없었다고 한다.

그렇게 점차 나이가 들다보니 자녀들은 장성했고, 언제부터인가 아버지가 귀가하면 거실에서 엄마와 담소를 나누던 아이들이 간단한 인사를 한 후에 각자 방으로 들어가버리더라는 이야기였다. 그 교수님은 이제 곧 은퇴를 앞두고 있는데, 과연 집에서 아내와는 물론, 자녀들과 어떻게 지내야 할지 막막하다는 고백을 해주셨다. 그러면서 학생들과의 소통을 배우고 훈련하다 보면 가족과의 소통에도 조금은 익숙해지지 않을까 하는 기대를 가지고 참석하셨다고 했다.

평생을 다음세대 교육에 전념하셨지만 정작 가정에서 따뜻한 친밀감을 쌓아갈 소통의 방법을 모르신다는 고백을 들으면서 문득 교회의 리더인 목회자와 사모에게도 가정과 교회에서 친밀감을 쌓을 소통의 방법이 절실하다는 생각이 들었다.

부모학교에서 훈련받던 어느 사모님이 들려주신 이야기다. 어느 날 젊은 여자 성도 분이 찾아와 요즘 자신이 겪는 힘든 일들을 이야기하였는데, 듣다보니 해결책이 보이길래 해결 방안을 말해주었더니 성도의 표정이 굳어지며 이렇게 이야기했다고 한다. "사모님의 해결책을 듣고 싶은 게 아니고, 내 편이 되어 나의 이야기를 들어줄 사람이 필요했어요"라고. 사모님의 얼굴과 표정이 너무 따스해 보여서 사모님은 내 이야기를 들어주고 위로해주실 줄 알았는데, 가르치듯 말해서 너무 실망했다고 말이다.

그 일로 사모님은 충격을 받았다고 했다. 성도를 판단하고 정죄한 것이 아니라 도와주고 싶었던 것뿐인데, 그런 반응이 돌아올 줄은 정말 몰랐기 때문이다. 그 후로 성도들과 이야기하는 것이 어렵게 느껴졌다고 한다. 다행히 그 사건의 답을 부모학교 제2학기 '부모 의사소통학교'에서 발견하게 되었다고 했다. '상대방의 마음이 힘들 때, 나는 들을 차례'라는 내용을 공부하면서, 그때 자신이 섣부른 충고나 제언이 아닌, 좋은 경청자로 성도 앞에 있어야 했다는 깨달음을 얻게 된 것이다.

가정 안에서는 목회자인 남편과 자녀들, 그리고 교회에서는 수많은 성도들과 끊임없이 관계를 맺으며 소통해야 하는 사모야말로 전문적인 의사소통 기술을 배우고 익히는 것이 매우 절실하다. 전문적인 소통 기술의 습득은 사모가 첫 번째로 취득해야 하는 면허이다.

상대방과 이야기할 때 언제 말해야 하는지, 언제 들어야 하는지, 말할 때는 어떻게 말해야 하며, 들을 때는 어떻게 들어야 하는지, 미안한 마음이나 고마운 마음은 어떻게 표현해야 하는지 우리는 배운 적이 없다. 서로 다른 욕구가 부딪칠 때, 가치관이 달라 충돌할 경우에 어떻게 해결해야 하는지 들어본 적도 없다.

그래서 우리는 면허받지 않은 말을 수십 년간 해온 '무면허 토커들'이다. 부모도, 사모도 들어야 할 때 말하고 있다. 상대방의 마음이 힘들 때 도와주려고 한 말이 오히려 상대방을 넘어지게 하고, 마음의 힘을 빼앗는 것을 모른 채 가정과 교회에서 리더의 역할을 하고 있다.

사모와 목회자에게 절실한 의사소통 기술

전도사님들을 대상으로, 부모님이나 주일학교 학생들과의 소통에 대해 강의한 적이 있다. 목회자를 대상으로 의사소통 기술을 안내해달라는 강의 요청이 흔한 일은 아니어서 기대도 되고 긴장도 되었다. 그런데 강의가 시작되자마자 전도사님들은 정확하고 절박하게 강의 내용을 습득했고, 여러 면에서 실제적인 도움이 되었다며 구체적인 질문도 많이 해주어 무척 놀랐던 기억이 있다. 목회 현장에서 소통과 관계의 훈련과 습득이 얼마나 필요한지를 절감할 수 있었다.

목회자들은 끝없이 펼쳐지는 신학과 하나님의 말씀을 공부하는 와중에 목회의 현장으로 보냄을 받는다. 그러나 정작 목회의 현장에 섰을 때 날마다 만나는 수많은 성도들과 어떻게 소통해야 하는지에 대해서 배운 바가 거의 없다. 따라서 절실하게 도움이 필요하지만, 도움을 요청할 곳이 마땅치 않은 것이 현실이다.

가정과 교회의 변화가 오직 한 사람으로부터 일어나지는 않는다. 그래도 누구로부터 시작되어야 가장 효과적인지 묻는다면 나는 사모로부터 시작하는 것이 가장 효과적이라고 답하고 싶다.

사모들이 좋은 관계를 맺을 수 있는 전문적인 소통 기술에 눈을 떠야 하고 훈련되어야 한다. 사모가 가정에서 남편과 자녀에게 전문적인 소통 기술을 사용하면서 교회에서도 성도들과 좋은 소통을 한다면, 가정이 회복되는 것은 물론 남편의 목회에도 소통과 관계에서 실제적이고 구체적인 도움이 될 것이라 확신한다.

사모와 목회자가 가정과 교회에서 전문적인 소통 기술로 좋은 관계를 맺을 때, 자녀 혹은 성도들과 맺은 좋은 관계는 복음이 건너가는 다리가 된다.

말씀과
기도로 심는 자

남들은 하던 운전을 그만둘 때쯤 나는 운전을 시작했다. 겁이 많은 나는 운전을 배우고 싶지 않았지만, 남편이 하늘나라로 떠나고 나니 딸들의 학교 기숙사에 짐을 실어다주기 위해서라도 운전을 배워야 했다. 그때 운전을 배우지 않았더라면 이 많은 강의를 어떻게 다녔을까 생각하니 오십 대 중반에라도 배우기를 참 잘했다고 생각한다.

멀리, 가까이, 멀리, 가까이!
운전을 배우느라 겁에 질려 있던 내게 하나님은 좋은 선생님을 붙여주셨다. 나를 달래가며, 설득하며, '발재간이 예술'이라는 헛칭찬까지 해가며 마치 친정아버지처럼 잘 가르쳐주신 분이었다. 면허시험을 치르고 난 후, 도로 연수를 받을 때였다. 멀리는 신호등을 봐야 하고 가까이는 앞차를 보아야 한다며, 신호등만 보고 가다 보면 앞차와 부딪칠 수가 있고, 앞차만 보고 운전하면 신호가 바뀐 것을 모를 수 있다고 설명해주셨다. 그러면서 큰 목소리로 "멀리, 가까이, 멀리, 가까이" 하고 외쳐주셔서 큰 도움이 되었다.

그런데 운전 연수를 마치고 집에 돌아오니 묘하게도 선생님이 "멀리, 가까이, 멀리, 가까이"라고 한 외침이 귓가에 맴돌면서 멀리 신호등을 보라는 것은 흡사 하나님과 말씀을 보라는 말처럼 느껴졌고, 가까이 앞차를 보라는 말은 내 앞에 있는 성도를 보라는 말처럼 느껴졌다.

그래서 생각해보니 멀리 하나님과 말씀만 보다가는 앞에 있는 성도를 놓치거나 부딪칠 수 있고, 가까이 앞에 있는 성도만 바라보다가는 하나님께서 보내시는 신호를 놓칠 수 있다는 거룩한 깨달음을 얻게 되었다. 하나님과 그 말씀으로 무장하여 하나님의 성도를 잘 보살피고, 하나님의 성도들을 잘 보살펴서 하나님을 기쁘시게 할 수 있다면 사모로서 무엇을 더 바라겠는가. 멀리 하나님과 그 말씀을, 가까이 내 앞에 있는 성도를 교대로 잘 바라보라는 성령님의 메시지로 들렸다.

그때는 이미 남편이 소천하여 섬길 교회도, 성도들도 곁에 없었지만, 내 마음에 깊은 은혜와 깨달음이 되었다.

모든 것을 성경에서 다시 배웠다

평생 처음으로 교회에 가서 대학부에서 제자훈련을 받을 때 나의 리더가 들려주었던 비유가 지금도 또렷이 생각난다.

"주님을 영접하면 내 안에 새롭게 태어나는 하얀 강아지가 한 마리 있다. 그 강아지에게 밥을 줘서 토실토실 살이 오르게 하고 튼튼히 자라게 해야 한다. 그 밥은 거듭난 내가 말씀과 기도로 살아가는 것이다. 그것이 나를 '하나님의 사람'으로 성장하고 성숙하게 한다. 거듭났지만 하얀 강아지에게 밥 주기를 게을리한다면, 새로 태어난 하얀 강아지는 힘을 잃게 되고, 나의 죄와 불순종을 먹고 살던 검은 강아지가 다시 힘을 얻게 된다."

대학부 리더는 말씀과 기도의 중요성을 무척이나 강조했고, 나는 '말씀과 기도로 살아가는 것까지가 구원받은 삶'이라는 것을 명심하고 있었다. 그리고 그것은 나의 일생에 크나큰 복을 선사했다. 바로 말씀과 기도로 하나님과 교제하고 동행하는 복이었다.

예수님을 영접하고 처음 성경을 읽을 때, 나는 하나님께서 우리를 위해 기록해놓으신 성경 말씀이 있다는 것이 그저 신기했다. 말씀을 읽다가 기록되어 있는 하나님의 사랑이 뼈에 사무치도록 감사해서 울었고, 나의 죄가 너무 미워서 울었고, 구약에서 하신 말씀이 신약에서 그대로 이루어지는 것을 보고 하나님이 살아 계시다는 것을 확실히 믿을 수 있었다. 시간이 가는 줄도 모르고 밤새 말씀을 읽고 또 읽었다.

그 후 40여 년을 말씀을 읽고 묵상함으로 하나님과 교제하다 보니 하나님에 대해서 날마다 더 알게 되었고, 하나님께서 기뻐하시고 원하시는 것이 무엇인지도 날마다 더 알게 되었다. 나의 성품과 태도도 많이 변했다.

모든 것을 성경에서 다시 배웠고, 모든 것을 성경을 통해 다시 보게 되었다. 하나님의 말씀을 '원칙과 기준'으로 삼으니 모든 것이 단순해졌다. 심지어 하나님을 모른 채 지식을 배울 때는 혼돈 그 자체였던 것이, 이제는 지식을 가려내어 선별하고 활용할 수 있게 되었다. 말씀으로 하나님과 교제하며 얻게 된 복은 이루 말할 수 없이 많았고, 또 많을 것이다.

그러니 그 복을 어찌 자녀들에게 물려주지 않을 수 있겠는가. 어찌 성도들에게 알려주지 않을 수 있겠는가. 나는 말씀을 읽고 묵상해서 하나님과 살아 있는 교제를 나누는 것에 대해 먼저 어린 자녀들에게 가르쳤고, 일주일에 한 번 온 가족이 모여 각자 말씀 묵상에서 받은 은혜를 나누는 것으로 가정예배를 드리기 시작했다. 아이들도 자연스레 말씀을 묵상하게 되었고, 자신에게 주신 말씀의 은혜를 나누는 시간을 즐거워하게 되었다.

나와 자녀들은 지금도 이런 방식으로 각자 말씀을 묵상하고, 일주일에 한 번 가정예배로 모여 주신 은혜를 나누고 함께 뜨겁게 기도한다. 정말 꿀같이 행복한 시간이요, 자녀들과 내가 영적으로 하나가 되는 강력한 시간이다.

말씀 묵상과 기도로 심는 삶

다윗에게는 그가 매일 양을 칠 때 사용하던 막대기와 물맷돌이 있었다. 그것이 거추장스러운 갑옷과 칼을 대신하여 골리앗을 쓰러뜨리는 무기가 되었듯이, 사모에게도 매일 말씀 묵상과 기도가 자유자재로 쓸 수 있는 무기가 되도록 훈련되어야 한다. 이것이 사모가 취득해야 할 두 번째 면허이다. 물론 모든 성도가 취득해야 할 면허이기도 하다.

복 있는 사람은 악인들의 꾀를 따르지 아니하며 죄인들의 길에 서지 아니하며 오만한 자들의 자리에 앉지 아니하고 오직 여호와의 율법을 즐거워하여 그의 율법을 주야로 묵상하는도다 그는 시냇가에 심은 나무가 철을 따라 열매를 맺으며 그 잎사귀가 마르지 아니함 같으니 그가 하는 모든 일이 다 형통하리로다 시 1:1-3

시편 1편은 말씀으로 심을 때 이 땅에서 형통하며 열매를 거둔다고 말씀하신다. 사모는 선한 성품과 좋은 행실로 심는 자가 아니라 말씀과 기도로 심는 자, 곧 영으로 심는 자이다. 말씀과 기도로 심는 삶이 사모가 걸어야 할 구원의 길이요, 성도들과 함께 걸어갈 순종의 삶이다. "사모는 어떻게 하나님께 영광을 돌릴 것인가?"라는 질문에 대한 답이며, "어떻게 성도들을 돌볼 것인가?" 하는 고민에 대한 답이기도 하다. 사모는 거두고자 하는 모든 것을 위해, 말씀과 기도로 심는 자이다.

03

사모의 치유가
곧 사역의 준비다

인간의 성장 과정은
부모로부터 이해받는 과정이다

이번 장에서는 '사모로서의 나'를 생각하기보다 "과연 나는 어떻게 자랐는가?"라는 자신의 성장 과정에 집중해보기로 하자. 여기서부터 참된 나를 만나게 되고, 알게 되고, 그것이 곧 치유의 시작점이 되기 때문이다.

자녀는 부모라는 거울에 비친 자신의 모습을 본다

인간은 태어나면서부터 주위 사람들을 거울삼아 자신을 보게 되고 알아간다. 특별히 부모를 거울삼아 부모라는 거울에 비친 자신의 모습이 어떤지 보고 자신을 정의해 간다. 부모라는 거울이 자녀를 기뻐하고 있고, 따뜻한 표정과 말투로 대하며, 필요한 돌봄을 기꺼이 제공할 때 어린 자녀들은 긍정적인 자아상과 안정감과 애착을 형성해 간다.

이때 부모들이 꼭 기억해야 하는 것이 있다. 어린 자녀가 부모의 마음에 들게 성장해야 하는 것이 아니라는 사실이다. 자녀들은 하나님께서 만드신 작품이다. 그러므로 부모는 자녀를 있는 모습 그대로 기뻐하고, 하나님께서 자녀에게 심으신 것들이 무엇인지 알고 싶어 하는 행복한 호기심을 가져야 한다. 그럴 때 자녀는 부모로부터 인정받고 이해받는다고 생각하며 잘 성장하게 된다.

그러나 부모로부터 조건적인 사랑, 즉 자녀에게 지나치게 높은 수준을 기대하거나, 부모의 생각대로 자라기를 원한다거나, 칭찬을 해도 "…를 잘해서 예쁘다", "잘했네, 그런데…" 등의 표현을 하다보면 아이들은 예민해지고, 완벽하지 않은 자신을 탓하며 내면의 힘을 소진한다. 행복하지 않은 그 경험들이 쌓여서 부모를 향한 적대감으로 나타나기도 하고, 대상이나 이유를 알 수 없는 분노를 느끼기도 하고, 아직 살아보지도 않은 인생을 힘들게 여긴다. 그래서 부모가 아닌 다른 사람들도 자신을 그런 눈으로 바라본다고 생각하게 된다. 아직 어린 자녀에게는 매우 힘겨운 일이 아닐 수 없다.

이렇게 자라서 그들도 부모가 된다. 부모가 되었다고 해서 정서적으로나 영적으로 갑자기 성숙해지는 것은 아니기 때문에 대를 이어 자녀에게로 상처가 흘러가게 된다. 부모 된 그들도 자녀에게 사랑만 주고 싶었지만 어릴 때 자신이 경험한 대로 조건적으로 사랑하고, 끊임없이 부모가 원하는 방향으로 자녀를 통제하고, 부모를 돋보이게 하는 액세서리 정도로 자녀를 취급하면서도 그런 자신이 무엇이 잘못되었는지조차 모를 때가 많다.

부모의 이해를 받지 못한 자녀는 오래 고통스럽다

오래전에 상담했던 여성이 생각난다. 활달하고 서글서글한 성격의 간호사이며 사십 대의 워킹맘이었는데, 자녀들과의 관계가 너무 어렵다면서 상담을 신청했다. 자신은 일이 너무 힘들어서 일을 마치고 나서 동료들과 식사나 술을 한잔하고 귀가하곤 하는데, 거의 매일 밤 10시가 넘어서 귀가했다고 한다. 남편은 물론 자녀들도 그런 엄마에게 불만이 가득했다. 자기도 자기 자신을 이해하기 어려웠고, 가족들에게 죄책감이 쌓여간다고 했다.

이 내담자의 어릴 때 환경은 이러했다. 조신한 딸이기를 바랐지만 남자아이처럼 활달하기만 한 내담자를 조부모와 부모님 모두 탐탁지 않아 하셨다고 한다. 상담이 진행될수록 깊이 잠들어 있던 내담자의 기억들이 선명해지기 시작했다. 동네 부끄럽다며 버릇을 고쳐놓겠다고 할아버지, 할머니, 아버지, 심지어 엄마까지 기회만 있으면 어린 내담자에게 매를 들었다고 한다.

그러다보니 내담자는 점점 더 집이 싫어졌고, 어른들이 잠들고 난 후 집에 들어가는 일이 많아졌다는 것이다. 상담을 받기 전까지는 자기가 놀기를 너무 좋아해서 집에 늦게 귀가한다고 생각했다고 한다. 조부모와 부모님 모두 "노는 데 정신이 빠져서 늦게 들어온다"라고 표현했으니 당연한 일이다.

결혼생활도 자신이 없었지만 결혼을 하고 나서 자기가 할 수 있는 일은 워킹맘이 되어 경제적으로 부족하지 않게 자녀를 키우는 것이라고 생각했다. 자녀들에게 무엇을 어떻게 해주어야 할지 몰라 자녀들을 회피하는 줄로만 알았는데, 묻어두었던 어린 시절의 고통스러운 기억들이 떠오르자 자기 안에 '집은 고통스러운 곳'이라는 무의식이 너무 강했다는 것을 깨닫게 되었다고 한다.

상담이 마무리되어 가면서 자책감에 시달리던 자신을 끌어안고 많이 울었고, 자기가 왜 집에 일찍 들어갈 수 없었는지를 이제야 알게 되었다며, 남편과 자녀들에게 설명해주기도 했다. 남편과 자녀들도 엄마를 이해하고 응원하게 되었고, 내담자는 빠른 속도로 치유되었다.

어릴 때는 어른들 마음에 들지 않는 아이, 놀기만 좋아하는 아이로, 커서는 자신의 가정을 돌보지 않는 엄마라는 잘못된 자아상으로 스스로를 괴롭히던 생각들이 잘못되었다는 것을 알게 되었다. 그 힘든 인생을 끝까지 포기하지 않고 살아낸 역전(歷戰)의 용사로 자신을 고쳐 보게 되었다. 내담자 안에서 일어나는 놀라운 자기 인식의 변화가 나도 놀랍고 반가웠다. 어린 자녀가 부모로부터 이해받지 못한 채 자라는 것이 얼마나 고통스러운 일인지를 깨닫게 하는 사례이다.

인생의 발달단계와 발달과제

다음의 표는 인생의 각 발달단계와 그에 따른 발달과제로, 프로이트와 에릭슨의 발달단계를 포괄적으로 연결하여 정리한 것이다.

나이	발달단계	발달과제
0~18개월	구강기(영아기)	기본 신뢰 : 불신
~3,4세	항문기(걸음마기)	자율성 : 수치심, 의심
~6,7세	남근기(학령전기)	경쟁 주도성 : 죄책감
~12세	잠재기(초등학생기)	성취감 : 열등감
~20세	청소년기	자아 정체성 : 역할 혼란
	초기 성인기	친밀감 : 소외감
	중기 성인기	재생산 : 정체된 느낌
	후기 성인기	삶이 통합된 느낌 : 절망감

표1 연령별 발달단계에 따른 발달과제

인간의 성장 과정은 연령별로 여러 개의 발달단계로 나눌 수 있으며, 각 단계마다 이뤄내야 하는 심리적 과제, 즉 발달과제가 있다. 기본 신뢰, 자율성, 경쟁 주도성, 성취감, 자아 정체성, 친밀감, 재생산, 삶이 통합된 느낌 등이 그것이다.

인간의 발달단계는 나무의 나이테와 같다. 추위와 더위를 잘 이겨낼 때마다 더욱 선명한 나이테가 생기며 단단한 나무로 자라가듯, 인간은 그 연령대에 이뤄내야 할 심리적 과제가 있고, 그것을 잘 획득해 나갈 때 건강하고 안정되게 성장한다.

여기에서 우리가 기억해야 할 것은 어릴수록 발달과제의 획득이 더 중요하다는 사실이다. 만 6세 이전의 발달과제는 이후의 다른 단계에서 회복하기가 쉽지 않아 더욱 중요하다(《부모 면허》 129-135쪽을 반드시 참고하라).

아울러 기억할 것은 어릴수록 아이 혼자서 발달과제를 획득하는 것이 아니라, 부모와의 관계를 통해서 이루어간다는 것이다. 아이의 마음은 자기 스스로 자라는 것이 아니라 중요한 관계 경험, 즉 부모와의 관계 경험을 통해 건강하게 자라기도 하고, 그렇지 않기도 하다.

구체적으로 말하면, 아이들은 나이가 되면 저절로 세상을 향한 신뢰감이 생기고, 자율성이 생기고, 경쟁 주도성이 생기는 것이 아니라는 말이다. 한 사람의 마음이 건강하게 자라기 위해서는 인생 초기에 부모와의 행복한 관계 경험이 매우 중요하다. 인생 초기에 부모와의 관계 경험이 행복하고 건강하다면, 자녀들은 인생 초기의 발달과제인 신뢰감, 자율성, 경쟁 주도성 등을 좀 더 잘 획득할 수 있다.

어느 미국 영화의 마지막 장면에서 남자주인공이 갓 태어난 자신의 아이를 안고 이렇게 말하는 것을 보았다.

"네가 뭘 좋아할지 정말 궁금하구나."

부모가 좋아하는 인생을 자녀에게 강요하고 기대하는 것이 아니라, 하나님께서 만드신 자녀이니 그 모습 그대로를 기뻐하며 궁금해하고, 그 모습과 삶을 인정하고 응원하는 것이야말로 한 사람이 그 부모로부터 이해받는 과정이다. 나의 성장 과정은 과연 부모로부터 이해받는 과정이었는지를 생각해보자.

자신의 어린 시절을
돌아보라

사람들은 자신의 어린 시절을 기억하고 싶어 하지 않거나, 좋은 추억만 기억하려 하거나, 지나간 일을 거론하는 것은 아무 소용 없는 일이라고 치부해버린다. 정말 지나간 일을 거론하는 것이 아무 소용이 없는 일일까?

상처는 대부분 부모로부터 왔다

오랫동안 상담을 하면서 늘 경험하면서도 매번 놀라는 일이 있다. 그것은 하나님을 믿고 예수 그리스도를 구주로 영접했음에도 불구하고, 고아처럼 살아가는 내담자들을 많이 본다는 것이다. 그들은 이미 하나님의 족보에 올라가 있는 하나님의 자녀들이지만, 아버지의 용서와 사랑을 도무지 실감할 수 없어 괴로워한다. 머리로는 알고 있지만, 마음은 먹먹하기만 하고, 도무지 구원의 감동이 없다고 한다. 그 괴로움은 겪어보지 않은 사람은 알 수 없는 괴로움이라고 말한다.

나 또한 그 괴로움이 어떤 것인지 알 수 없었는데, 상담을 받던 내담자들을 통해 어느 정도 짐작하게 되었다. 결국 종교적인 행위로 그 간극을 메꾸느라 엄청난 에너지를 쓰거나, 아니면 마음도 행위도 점점 얼어붙어 가는 모습을 보게 된다. 하나님과의 관계도 그렇다면 사람과의 관계에서는 얼마나 더 답답하고 풀 수 없는 난제들이 가득할까. 무엇이 그들로 하여금 하나님 앞에 있으면서도 그분의 마음과 사랑을 느낄 수 없게 하는 것일까.

상처의 대부분은 부모로부터 왔다고 해도 결코 지나친 말이 아니다. 자녀는 어리고 여린데, 부모의 영향력은 그만큼 강력했기 때문이다. 더욱이 부모가 자신의 상처가 무엇인지도 모른 채 자녀를 열심히 키우면 키울수록, 부모는 자신도 감당하기 힘들었던 상처를 자기도 모르는 사이에 자녀에게로 흘려보내기 때문이다.

많은 기독교인들이 부모를 공경하라는 지엄하신 하나님의 명령을 기억하며, 부모로부터 받은 아픔을 묻어두고 산다. 그러나 자신을 괴롭혀온 상처는 묻어둔다고 없어지는 것이 아니다. 도리어 더 썩고, 더 많은 부작용을 낳을 뿐이다. 자아정체성, 즉 자기 자신과의 관계, 삶의 태도, 대인관계, 심지어 하나님과의 관계에도 좋지 않은 영향을 끊임없이 미치게 된다.

과거를 돌아보는 용기

그러므로 우리는 과거를 돌아보는 용기를 가져야 한다. 그리고 그 가운데 아버지나 어머니 또는 조부모나 형제가 주(主) 양육자였다면 그들과의 관계를 들여다보아야 한다. 그 분들을 탓하고 원망하는 것이 아니라 더 온전히 이해하기 위해서다. 무엇보다도 내가 그 영향력으로부터 자유하기 위해서다.

나는 《부모 면허》에서 이 부분을 다음과 같이 표현하였다. "우리 모두 상처에 관한 한 '피해자인 동시에 가해자'인 셈이다. 부모에게 사랑도 받았지만, 마음에 남아 있는 상처도 있다. 그러다보니 나는 피해자, 부모는 가해자로 느껴질 수 있다. 그러나 나의 부모님도 그 분들의 부모님 앞에서는 상처 입은 피해자이기도 하다는 것을 기억하자. 나도 자녀로서는 상처 입은 피해자이지만, 부모가 되어 자녀에게 주고 싶지 않은 상처를 주지 않았는가. 실수 없는 부모는 없다. 인간은 나 자신도 나를 어쩔 수 없는 안타까운 존재이다."

우리는 '상처'에 관한 한 부모 앞에 상처 입은 피해자로 서 있다. 그러나 그 분들 역시 받은 상처를 '사랑이라는 이름으로' 자녀에게 흘려보낼 수밖에 없었고, 나 또한 상처에 관한 한 내 자녀에게 가해자의 입장이다.

그러나 여기에서 "그러니 부모를 용서하자"라고 성급하게 자신을 설득하지는 말자. 왜냐하면 우리가 어릴 적 부모로부터 상처를 입었을 때는 아무도 나의 상처받은 마음을 알지 못했고, 나도 나의 감정을 설명할 수 없었을 뿐 아니라, 나 자신도 부모의 판단과 평가를 그대로 받아들일 수밖에 없는 나이였다. 그래서 그 어린 나를 나조차 위로하거나 변호해주지 못했고, 민망하고 억울했을 그 마음을 알아주지 못했다.

그리고 그 상태 그대로 어른이 되었는데, 이제 와서 또 '내 부모도 힘들었다'고 성급히 덮어버린다면, 또다시 어린 나의 마음을 돌볼 기회를 놓치게 되고, 돌볼 사람이 없었던 그 상태로 계속 살아가게 된다. 결국 자신의 마음 상태도 잘 느낄 수가 없고, 하나님의 사랑도 도무지 느껴지지 않는 상태에 이르기도 한다.

나는 나의 온전한 위로자가 될 수 있다

그래서 우리는 마음껏 어린 나를, 힘들었던 순간의 내 마음과 상태를 말로 표현하고 토해내야 한다. 이제는 어릴 때 나의 감정을 설명할 수 있고, 부모의 어떤 평가가 잘못되었다는 것도 알 수 있고 말할 수 있기 때문이다. 마음껏 말하고, 내가 나의 말을 들어주고, 알아주고, 내 옆에 덩그러니 앉아 있는 '어린 나'를 꼭 안아주어야 한다.

생각보다 더 작고 여린 어린 시절의 나를 안아줄 때, 그때에야 비로소 나는 나의 온전한 위로자가 된다. 내가 나를 위로하지 않을수록 타인이 나를 위로하지 않는다고 원망하게 된다. 타인에게 위로를 바라기 전에 나는 나를 위로할 수 있다.

이제 어린 내 뒤에는 다 자란 내가 있으니, 겁내지 말고 어린 시절을 돌아보기로 하자.

나는 내담자,
성령님은 상담사

우리가 부모를 볼 때 나에게 상처를 준 대상으로만 보지 않고, 타인을 보듯이 그 시대를 살았던 여자와 남자로 볼 수 있다면, 건강한 치유는 이미 일어나고 있는 것이다. 그만큼 부모를 객관적으로 보는 것은 어렵지만 매우 중요하다.

그 방법을 소개하면, 내가 실제로 상담이나 코칭 때 사용하는 기법이기도 하고, 부모들의 치유를 위해 이미 《부모 면허》에서 소개한 바 있다. 이 기법을 소개할 때만 해도 실제로 상담사의 도움 없이 가능할지 의문이었다. 그런데 부모학교 수강생들과 책을 읽고 치유를 경험했다는 부모들의 메일을 많이 받게 되면서 큰 확신을 갖게 되었다.

자리 바꾸기 기법

부모를 객관적으로 보는 데 도움이 되는 자리 바꾸기(Position Change) 기법이다. 다음 그림처럼 테이블을 가운데 두고 마주 보는 A와 B 자리에 각각 빈 의자를 놓는다.

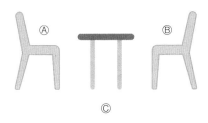

그림 4 자리 바꾸기

이때 A는 상대 자리, B는 나의 자리, C는 제3자의 자리이다. 제 3자의 자리는 의자 없이 잠시 서 있게 된다. '나' 한 사람이 A, B, C 자리로 옮겨가며 그 사람이 되어봄으로써 나의 관점뿐 아니라 상대의 입장과 제3자의 입장이 되어보는 것이다. 이를 통해 나의 마음을 표현하고, 상대방을 좀 더 알게 되고, 두 사람의 상황을 객관적으로 바라보는 통찰력을 얻게 된다.

① A는 '나에게 상처를 준 부모의 자리'이다. 여기서는 '어머니'로 가정하기로 한다. 그 자리에 지금 어머니가 앉아 있다고 생각해보자. B는 '나의 자리'이다. 여기서 나는 '딸'이라고 가정한다.

② B에 앉아서 A에 있는 어머니에게 그동안 하고 싶었던 이야기를 해보자. 어릴 때 하고 싶었던 이야기도 좋고, 요즘이나 지금 하고 싶은 이야기를 해도 좋다. 해서는 안 되는 말은 없다. 충분히 다 말 했다 싶을 때까지 나의 맺혔던 감정을 말로 쏟아놓는다.

③ 할 말을 다 하고 나면 C 자리에 선다. 제3자의 자리에서 어머니의 모습, 키, 음성, 생각, 행동, 습관, 학벌, 떠오르는 특정 시기(특별히 가정에 어려움이 있던 시기)의 어머니 나이나 상황 등을 떠올려본다.

④ 내가 어머니가 되어 A에 앉는다. A에 앉아 B에 앉아 있는 딸에게 하고 싶은 이야기를 해도 좋고, 조금 전 딸에게 들은 말에 대한 답을 해도 좋다. 어머니 자리에 앉아 그 분이 되어보는 일이 쉽지는 않지만, 어머니가 했음직한 말들이 떠오르기도 하고, 보이지 않던 어머니의 입장이나 마음이 보이기도 한다.

⑤ A에서 어머니가 되어 충분히 이야기하고 나면 다시 C 자리에 서서 제3자의 입장에서 볼 때 앞으로 두 사람의 관계가 어떻게 될 것 같은지 생각해본다. 말로 해도 좋다.

⑥ 다시 나의 자리인 B에 앉아 어머니나 나 자신에 대해 달라진 시각이나 느낌 또는 생각이 있다면 간단히 메모해도 좋다. 자리 바꾸

기를 마친다.

'자리 바꾸기'를 할 때, 어떤 분들은 도무지 자신의 감정이 쏟아져 나오지 않아 힘들어한다. 그동안 자신의 감정을 여러 이유로 외면했던 경우이거나, 쏟아져 나올 자신의 부정적인 감정이 너무 커서 두려울 때도 그렇다. 그런 분들은 자리 바꾸기를 한 번에 끝내지 못해 두세 번까지도 하는 것을 보았다.

아무도 없는 집 등 다른 방해를 받지 않을 만한 장소가 필요하다. 성령님을 상담사로 초대하고, 내담자로서 앞서 제시한 순서대로 자신의 마음을 들여다보며 차근차근 진행해보기 바란다.

자리 바꾸기를 하다보면 지금의 나보다 어린 나이의 부모, 가난하고 배우지 못했던 부모의 환경, 어느 시기엔가 겪었던 가정의 크고 작은 고난 등이 떠오르기도 한다. 그래서 나의 입장뿐 아니라 부모의 입장도 생각하게 되는 기적이 일어난다. 나에게 상처를 준 부모가 아닌, 그 시간을 살아낸 한 사람이 보이기 시작하는 것이다.

이해의 물꼬가 트이면 치유가 일어난다

그러나 자리 바꾸기를 할 때 꼭 기억해야 할 것은 부모를 용서하기 위해서 시작하는 것이 아니라, 어릴 때 힘들었던 나의 마음과 상황을 들여다보고, 꺼내주고, 들어주고, 인정해주고, 알아주기 위해서라는 것을 기억하기 바란다.

자리 바꾸기를 끝냈을 때 조금이라도 부모를 이해하게 된 포인트가 있다면, 시간이 흐를수록 마음속에서 그 부분에 대한 치유가 일어나는 신기한 경험을 하게 될 것이다. 그러므로 갑작스럽고 내키지 않는 용서를 하려고 하지 말고, 어느 장면에서 부모의 입장이 이해가 되었는지, 그 지점이 있었다면 그것으로 충분하다.

내게 상담을 받았던 어느 젊은 여성은, 엄마가 고3이던 자기를 두고 지방에 일하러 가신 아버지를 따라가버린 일을 잊을 수 없다고 했다. 자기가 얼마나 힘들지, 밥은 어떻게 챙겨 먹을지, 공부는 어떻게 할지에 대해 아무 말도 없이 떠난 엄마를 용서하기가 정말 힘들었다고 했다(다행히 몇 년 후 다시 엄마 아빠와 함께 살게 되었다).

그러나 자리 바꾸기를 하던 중 '엄마의 자리'에 앉았을 때였다. 아버지의 잦은 외도와 재정적인 대형사고 때문에, 엄마는 남편과 떨어져 지내는 것을 극도로 불안해했겠다는 생각이 들었다. 엄마가 여자로서 얼마나 불행한 삶을 살았는지도 좀 더 알 것 같았다.

그 부분 하나가 이해되자 내담자는 '억울한 피해자의 삶'에서 빠른 속도로 빠져나올 수 있었다. 미워했던 어머니의 삶이 이해되기 시작했고, 동생을 돌보며 지낸 자신의 강인함도 인정하고 치하할 수 있게 되었다. 물론 아버지와 어머니가 다 채워주지 못한 가정의 빈 공간을 어린 자신이 메우느라 힘들었지만, 그 힘든 시간을 견뎌낸 자신 안에 이미 많은 자원이 있다는 것도 알게 되었다.

무엇보다도 자신의 어린 딸을 늘 다른 아이들한테 '피해를 당하는 아이'로만 보던 눈길이 바뀌었다. 자신을 닮아 강인한 면이 있을 거라는 믿음, 걱정의 눈길이 아닌 기대의 눈길로 딸을 바라보게 되었다. 가슴 먹먹한 변화가 아닐 수 없다.

자리 바꾸기(Position Change)는 마음이 건강해지기를 바라는 누구에게나 반드시 필요한 치유의 과정이다.

자신의
인생을 해석하라

나의 시어머니는 전형적인 경상도 분이셨다. 좋다는 말씀도, 칭찬의 말씀도, 미안하다는 말씀도 하지 않으셨다. 그렇게 듣고 싶던 칭찬의 말씀도 내게 직접 하지 않으시고, 형님들이나 친척 집에 가서 하곤 하셨다. 물론 그렇게 전해 듣는 칭찬도 감사했지만, 늘 아쉬운 마음은 있었다.

그런 어머니께서 어느 날인가 남편과 내가 상담을 배우며 들었던 '부모에게서 받은 상처'에 대해 이야기하는 것을 들으시더니 혼잣말처럼 이렇게 말씀하셨다.

"우리가 배운 것도 없고, 아는 것도 없어가가 안 그랬나. 아무것도 모르고 다들 자식들한테 그래 말하니, 그래도 되는 줄만 알았데이. 특히 너는 뭐라 해도 허허 웃으니 괜찮은 줄만 알았다. 미안타!"

어머니의 말씀을 들은 남편은 어안이 벙벙하여 아무 말도 못하고, 한동안 가슴 뭉클한 얼굴로 앉아 있던 기억이 있다.

용서의 배 한 척 구하기

부모는 부모 자신도 받지 못했기 때문에 자녀에게 줄 수 없는 것이 많다. 부모도 받지 못한 사랑, 부모도 들어보지 못한 따뜻한 말을 무슨 수로 자녀에게 전해줄 수 있겠는가. 이 표현이 마음에 와닿는다면, 그때가 바로 주님께 '용서의 배' 한 척을 구할 때이다. 부모를 용서할 자격이 자녀에게 있는지 모르겠지만, 부모님을 용서의 배에 태워 성령의 강물에 띄워 보내드리는 것이다. 부모님을 원망하고 서운해하며 상처에 묶여 있지 말고, 성령님을 의지하여 스스로 묶인 것을 푼다고 선포하라.

상처가 많은 사람들은 자신의 아픔과 자신이 당했던 부당함을 누군가 알아봐주기를 바란다. 그러다보니 얼굴이 어둡고 기운이 없어 보이거나, 누가 건드리기만 하면 분노할 준비가 이미 되어 있는 것처럼 보일 때가 많다. 그렇게 상처에 묶여 있을 때 우리의 인생은 속절없이 망가진다. 그리고 그것을 가장 좋아할 상대는 악한 영들이다.

이제 자리 바꾸기(Position Change)를 마쳤다면, 상처 입었던 마음과 시간에 대한 정리가 필요하다.

인생을 해석하는 세 단계

상처 입었던 마음과 시간을 정리한다는 것은 자신의 인생을 해석해보는 것을 말한다. 이 단계를 거치지 않으면, 상처 난 마음을 열어서 들여다보고 나서 도리어 마음이 더 힘들어질 수도 있다.

첫째, 자신의 노고를 알아주고 치하해주어야 한다.

"힘들고 어려운 인생을 어떻게 살았느냐, 생을 포기하지 않고 살아주어 고맙다, 결혼도 하고 자녀도 낳아 키우느라 고생했다, 사모의 삶까지 감당해주어 정말 장하다"라고 자신의 가슴에 두 손을 얹고 진심을 담아 말해주라. 글로 써서 남긴다면 더 좋을 것이다.

둘째, 부모님의 인생을 알아드려야 한다.

모든 인간의 한계를 안고 나를 낳아 기르시고, 내가 모르는 인생의 여러 고비를 넘어오신 것에 대해 감사한 마음을 표현하자. 내게 남기신 상처는 상처이고, 감사함은 감사함으로 기억하는 것이 옳다. 전해드리면 더 좋겠지만, 비록 전하지 못할지라도 편지에 그 마음을 써보자.

다음은 평생 원망했던 나의 아빠에게 썼던 편지이다.

"아빠, 어릴 적 남들이 부러워하는 맛난 것, 예쁜 옷, 좋은 집에서 살게 해주셔서 감사합니다. 가난하게 자란 아빠가 자녀들에게만큼은 부요한 삶을 살게 해주려고 남모르는 고생인들 얼마나 많으셨을까요! 아빠가 최선을 다한 삶을 누렸으면서도 한 번도 감사와 존경을 표현하지 못한 막내딸이 용서를 빌며 감사한 마음을 전합니다."

셋째, 하나님께 감사를 올려드려야 한다.

메리 스티븐슨의 '모래 위의 발자국'이라는 시가 있다. "주님, 언제나 저와 함께해주신다고 약속해놓고, 제가 어렵고 힘들었을 때 왜 한 사람의 발자국밖에 없는 겁니까? 왜 저와 함께하지 않으셨나요?"라고 묻자 주님은 "네 시련과 고난의 시기에 한 쌍의 발자국만 보이는 것은 내가 너를 업고 갔기 때문이다"라고 답하신다. 비록 눈앞에 보이지 않아도 나의 곁에서 힘든 인생길을 함께 걸으며, 마음 아파하시며, 업고 안고 여기까지 인도하신 하나님께 감사하라. 간구가 아닌 감사만을 올려드리는 기도로 나아가자.

하나님의 은혜 안에서 재해석되는 삶

어느 성도의 이야기다. 지적 장애가 있는 아버지는 매일 술을 먹고 늘 아내와 아이들을 구타했다고 한다. 의처증도 있어 어머니를 제일 많이 괴롭혔다. 어머니는 여러 번 도망치려 했지만 그때마다 아들이 제발 가지 말라고 매달렸다. 아버지가 너무 무섭고, 어머니까지 떠날까봐 아들은 극도로 불안해했다. 결국 엄마는 아들 때문에 남편의 폭력을 견디며 사셨고, 친척들은 하나같이 "너 때문에 너희 엄마는 아버지 손에 죽을지도 모른다"며 '애미 등골을 빼먹는 놈'이라고 불렀다. 자존감이 높을 리가 없었다. 그는 늘 무엇을 해야 할지 몰라 전전긍긍했다. 성인이 되고 자기도 아버지가 되어 부모학교에 오게 되었다.

그 성도가 자리 바꾸기(Position Change)를 하고 나의 강의를 들으며, 자신이 '애미 등골을 빼먹은 놈'이 아니라 '자신의 삶을 희생해서라도 지키고 싶었던 금쪽같은 내 아들'이라는 어머니의 마음을 알게 되었다.

그는 용기를 내어서 아버지와도 자리 바꾸기를 했다. 그러자 아버지가 지적 장애를 가지고 있다는 사실을 끝내 인정하고 싶어 하지 않았던 자신을 발견하게 되었다. 그저 포악한 아버지로만 보고 싶었던 자신의 마음을 알게 되었다고 했다. 아들을 지키기 위해 희생했던 어머니도, 장애를 가지고 살았던 아버지도 그 삶을 살아내고 지켜내느라 얼마나 뼈를 깎는 수고를 했을지 알 것 같다고 했다.

아버지를 죽도록 미워하는 아들, 어머니의 삶에 한없이 죄송한 못난 아들이라는 잘못된 자아정체감에서 서서히 빠져나오기 시작하자 무엇보다 하나님의 말씀을 단단히 붙잡는 모습을 볼 수 있었다. 시간이 필요하겠지만 그 성도가 자신의 노고를 알아주며, 하나님 아버지의 은혜 안에서 자신의 삶을 재해석하는 힘이 날마다 더 강해지기를 기도한다.

우리의 상처도 하나님 안에 있다

당신의 상처도 하나님 안에 있다. 하나님은 아무 뜻도 없이 고난을 허락하시는 분이 아니다. 하나님께 삐져 있고 하나님을 원망할 것이 아니라, 당신의 상처를 어떻게 쓰시는지를 보라.

당신의 눈물 속에 당신의 사명이 있다. 내가 원가정에서 흘린 눈물이 있었기에 하나님께서 통치하시는 가정을 누구보다 사모하였고, 하나님께서 세워주신 나의 가정을 통해 많은 부모들을 돕는 일을 하게 하신 것처럼 말이다.

'어떤 일을 겪었느냐'가 아니라 '어떻게 해석하느냐'가 중요하다. 누구나 자신의 인생을 해석할 수 있을 때, 타인의 인생도 이해하고 도울 수 있다.

당신은 수많은 상처와 어려움 속에서도 여기까지 걸어온 역전(歷戰)의 용사다. 최고의 삶을 살지 못했다고 자책할 일이 아니다. 수많은 전쟁을 치른 용사에게 치하와 위로를 보내는 것이 마땅하다.

내 마음의
양육자가 되라

가정 상담가이자 크리스천 결혼예비학교의 개척자인 노먼 라이트(H. Norman Wright)는 그의 책《당신의 과거와 화해하라》(죠이북스)에서 "그리스도인은 자신에게 긍정적인 부모 역할을 할 수 있는 능력이 있다"라고 이야기한다. 그렇다. 주님 안에 거하는 우리에게는, 내가 나의 좋은 부모가 될 수 있는 능력이 있다. 나는 나의 좋은 부모가 되어야 한다.

생명의 근원인 내 마음 지키기

같은 의미로 나는 "내 마음의 양육자가 되어야 하고, 될 수 있다"라고 말한다. 사람들은 '마음'에 대해서 깊이 생각하지 않을 때가 많다. 평소에는 마음을 중요하게 여기지도 않는다. 그런데 어쩌다가 마음을 다치고 나면 마음이 아파 죽을 것 같다고 난리법석이다. 그렇지만 언제 그랬냐는 듯이 또다시 마음보다는 옷차림에 신경 쓰고, 능력을 갖추는 일에 집중한다. 마음에 대해서 깊이 생각하지도 않고, 마음을 중요하게 여기지도 않으니까 마음을 돌보지 않는다.

그렇다면 하나님은 우리가 자신의 '마음'을 어떻게 대하기를 바라실까?

모든 지킬 만한 것 중에 더욱 네 마음을 지키라 생명의 근원이 이에서 남이니라 잠 4:23

그 무엇보다도 너는 네 마음을 지켜라. 그 마음이 바로 생명의 근원이기 때문이다. 잠 4:23 새번역

하나님께서는 마음이 생명의 근원이고, 생명의 근원이 마음에서 난다고 말씀하신다. 그러니까 사람의 마음은 지킬 만한 것 중에 더욱 지켜야 할 중요한 것이다. 그래서 하나님을 사랑하되 마음을 다하여 사랑하라 하시고, 하나님의 말씀을 새기되 마음판에 새기라고 말씀하신다.

실제로 상담에서 만난 많은 분들이 하나님을 믿으면서도 하나님을 오해하거나 받은 은혜를 쉽사리 잊어버리는 것을 보게

된다. 아픈 경험으로 깨어진 마음에 하나님을 모시다보니 일어나는 일이다. 그래서 우리는 자신의 영(靈)만 돌볼 것이 아니라 마음도 잘 돌보아야 한다.

사람들은 흔히 자신의 마음이 힘들어지면 "아무도 내 마음을 모른다"라고 말한다. 그런데 사실 그 말은 당연한 말이다. 우리는 대부분 자기 마음조차 잘 모르고 돌보지 않는다. 그런데 어떻게 남의 마음을 잘 알고 돌볼 수 있겠는가.

그러므로 우리는 자신의 마음을 자신이 지키고 돌봐주어야 한다. 자신의 마음을 돌보지 않을수록 "아무도 내 마음을 몰라준다"는 말을 하게 된다. 그러나 자신의 마음 상태를 궁금해하고 잘 돌보려고 노력하는 사람일수록 남들이 내 마음을 몰라준다는 식의 말은 하지 않는다. 내 마음은 반드시 돌봐야 한다. 다른 사람이 아닌 내가 돌봐야 한다.

내 마음을 양육하는 법

그렇다면 내 마음은 어떻게 돌보고 양육할 수 있을까?

마음 양육 1 성장 과정을 돌아보라

첫째, 앞서 안내한 자리 바꾸기(Position Change) 등으로 자신의 성장 과정을 돌아보고, 성령님을 상담사 삼아 치유받는 것이 마음을 돌보기 위해 가장 먼저 해야 할 일이다. 물론 전문 상담 사를 만나 치유받을 수 있다면 그것도 좋다. 치유받지 못한 마음은 어린아이와 같아서 자신의 마음조차 돌볼 힘이 없기 때문이다.

마음 양육 2 감정을 받아들여라

둘째, 내 감정을 받아들이는 것이다. 행복하지 않아도, 내 감정을 받아들이면 좀 더 강해지고 좀 더 행복할 수 있다. 우리는 대부분 행복하지 않은 나의 감정은 억누르고, 심지어 부인하기도 한다. 그러니 감정은 더욱 삭막해지고, 돌보는 사람 없는 정원처럼 황폐해진다.

사람의 감정이 어떻게 늘 행복할 수만 있겠는가. 행복한 감정도, 행복하지 않은 감정도 나의 현재 상태로 받아들일 때 우리의 마음은 '돌봄'을 받는다고 느낀다. "괜찮지 않아도 괜찮다"라는 말이 있다. 정말 그렇다. 괜찮지 않아도 합력하여 선을 이루시는 하나님이 계셔서 괜찮다.

실제로 나는 남편이 그립고 마음이 허전할 때면 그 감정을 깊이 받아들인다. 남편이 떠난 지 얼마 되지 않았을 때는 그 감정을 느끼는 것 자체가 너무 고통스러워 부인했다. 하지만 그것이 나를 더 괴롭게 했다. 지금은 그리워할 사람이 있다는 것에 감사하며, 그 감정과 그 감정을 느끼는 나와 함께 있어준다. 많이 보고 싶어 해도 된다고 말해준다. 내가 내 마음의 편을 들어주니 좀 더 괜찮은 마음이 되곤 한다.

마음 양육 3 자신과 대화하라

셋째, 자신과 대화하는 것이다. 세계적으로 성공한 100인의 공통점 중 하나가 자신과 대화하는 것이라고 한다. 왜 그럴까 생각해보았다. 상담을 하는 나로서는 가장 먼저 생각나는 것이, 경험자아와 관찰자아였다. 경험자아가 '지금 그 일을 하고 있는 나'라면, 관찰자아는 '그 일을 하고 있는 나를 관찰하고 있는 또 하나의 나'이다. 잘하고 있는지, 목표대로 잘 가고 있는지, 그 일을 하는 나는 행복한지 등등을 살피는 또 하나의 자아다. 오직 경험자아만 있고 관찰자아가 없거나 관찰자아가 약하다면 성장하고 성숙하는 데 어려움을 겪게 될 것이다. 자신과의 대화는 관찰자아를 가동하게 만드는 중요한 원동력이 된다.

나는 나 자신과 대화하는 것을 좋아한다. 비슷한 우선순위의 일들이 너무 많아 도무지 무엇부터 해야 할지 모를 만큼 시간에 쫓길 때가 있다. 그럴 때 나는 나에게 말을 건다.

"모두 내가 해야 할 일인데, 시간은 없고 쫓기는 기분이 드니까 영의 충만함도 사그라드는 것 같다, 그치? 이런 상황이 너무 싫은데…. 인경아, 이럴 때일수록 하나님께 다 맡기고 하루만 기도원에 다녀오자. 언제나 그랬듯이 하나님 앞에 있다보면 하나님이 주시는 정리와 해결이 있을 거야. 돌아오는 길에 숲속도 잠깐 거닐어보자. 나무들 사이에서 마음이 말랑해지는 오래된 음악도 들으면 더 좋겠지. 좋은 생각이야."

그러면 나에게 참 좋은 사람인 '나 자신'이 고맙고 마음에 드는 시간이 된다.

마음 양육 4 객관적인 시각을 가져라

넷째, 환경을 객관적으로 보고, 실패를 환영하라. 어렵고 힘든 환경을 오직 그 안에 갇힌 나의 입장에서만 바라보지 말고, 마치 헬리콥터를 탄 것처럼 높은 곳에서 내려다보기도 하고, 전혀 다른 사람의 마음이나 입장에서 바라보면, 안 보이던 것들이 보이고, 문제가 작아 보이기도 한다. 하나님의 관점(meta view)으로 보는 놀라운 혜안과 깨달음과 편안함이 있다.

아울러 실패를 너무 두려워하지 말라. 물론 실패하지 않았다면 더 좋았겠지만, 실패를 통해 내가 배운 것이 무언지, 얼마만큼 성장했는지, 이 실패를 반복하지 않기 위해서는 어떤 노력이 필요한지를 생각해보는 것이 실패를 괴로워하고 자책하는 것보다 훨씬 더 중요하다. 그런 해석의 과정이 있을 때 비로소 나의 마음은 샬롬을 누리고, 다른 사람들과 자녀들에게 들려줄 만한 실패담을 얻게 된다. 사람들은 누구나 타인의 성공담만큼이나 '해석된 실패담'을 듣고 싶어 한다.

마음의 상처를 털어버리고 내 마음의 양육자가 되어야 한다. 그러기 위해서는 상처에 묶이지 말고, 하나님께 묶여야 한다. 상처에 묶인 것을 풀고, 상처받은 내가 이 세상에서 가장 불쌍한 인생인 것처럼 속이는 악한 영의 파괴적인 영향력에서 벗어나야 한다. 그리하여 사모인 나에게 오직 하나님만 영향력을 미치게 하자.

　상처와 상처가 남긴 인생의 견고한 진은 낙엽이 떨어지듯 그렇게 우리에게서 떨어져 나가지 않는다. 우리가 그것들을 버려야만 한다. 사모는 누구보다 적극적으로 그래야 한다. 나를 어둠 속에서 건지시고, 많은 영혼을 건지는 일에 부르신 하나님의 뜻이 이루어지도록 내 마음의 양육자가 되자.

*****

04

사모의 관계가
사역 그 자체이다

누구보다도
관계가 중요한 사람

사모는 목회자인 남성과 결혼하면서 많은 사람들과의 관계 속으로 들어가게 된다. 아울러 '자매'였던 자신의 호칭이 '사모님'이 되면서 거룩한 부담감이 시작되고, 그 부담감은 시간이 흐를수록 점점 더 무거워진다.

사모, 관계가 사역이 되는 사람

내가 예수님을 알게 된 지 6년 만에 전도사의 아내가 되었을 때가 생각난다. 담임목사님께서 우리 내외에게 하실 말씀이 있다고 부르셨는데, 혼이 나는 건 아닌가 하고 어찌나 마음이 떨리고 다리가 후들후들 떨리던지…. 오래된 기억이지만 지금도 어제 일처럼 선명하다.

그뿐인가? 담임목사님의 사모님, 여러 부목사님과 선배 사모님들, 교회의 중직자들, 성도들을 대할 때에도 나를 대하시는 그 분들의 모습이 각기 달라 어디에 맞추어야 하는지 알 길이 없었다. 어떤 분들은 어리지만 사모라고 깍듯이 대해주시는가 하면, 어떤 분들은 여동생을 대하듯 편하게 대해주시는 분들도 계셨다. 엄청 친근하게 다가오는 분들이 계시는가 하면, 마주쳐도 눈인사조차 하지 않는 분들도 계시니 나는 어쩔 줄을 몰랐다.

대부분의 사모들도 부임한 교회의 분위기를 살펴 따르거나, 선배들의 모습을 보고 비슷하게 행동하려고 노력하지만 쉬운 일은 아니다. 사모가 마주하게 되는 교회에서의 수많은 관계는 참으로 중요하고 중요하다. 넘치지도 말고 부족하지도 않아야 할 텐데, 남편이 부임하는 교회마다 분위기도 다 다르다보니 사모는 과연 어떤 마음가짐으로 관계를 맺고 행동해야 할지 알 수 없어 계속 긴장하게 된다.

그런데 교회에서 만나는 사람들과의 관계보다 더 중요하고 근본적인 관계가 있다. 바로 사모의 '가정 내에서의 관계'이다. 목회자 가정의 부부관계, 부모자녀 간의 관계는 그 영향력이 좋은 것이든 나쁜 것이든 반드시 교회 공동체로 흘러가기 때문에 정말 중요하다. 그리고 사모의 가정 내에서의 관계보다 더 근본적인 관계가 바로 '자기 자신과의 관계'이다. 자기 자신과 불화하고 자신을 용납하지 않은 상태에서 부부간에, 부모자녀 간에 행복하고 건강한 관계를 맺어가기란 거의 불가능하기 때문이다.

이렇듯 사모는 관계의 폭이 넓다. 또한 사모의 관계 맺음은 교회와 목회에서 정말 중요한 역할을 한다. 사모는 관계가 매우 중요한 사람이고, 관계가 사역이 되는 사람들이다. 요즘은 많이 사라진 풍경이지만, 교회에서 김장하는 현장에 사모가 도우러 갔다고 가정해보자. 사모가 김장을 얼마나 능숙하게 잘하고 왔는지가 중요한 것이 아니다. 교회에 김장을 담그러 온 성도들이 누구인지, 그 분들이 얼마나 귀한 마음으로 왔을지, 그 마음을 알아주고 치하해주는 '좋은 관계를 맺는 말'을 건네는 것이 중요하다. 사모의 관계가 사모의 사역이 되는 순간이다.

사모가 맺는 관계

사모가 맺어야 하는 각각의 관계에서 가장 중요한 점이 무엇인지, 각각의 키워드로 정리하여 간략히 살펴보고자 한다.

1. 사모-자신과의 관계

제일 먼저 사모의 '자신과의 관계'에 대해 살펴보자. 자기 자신과 좋은 관계를 맺기 위해서는 다른 어떤 것보다도 '부모와의 관계'에 집중해볼 필요가 있다. 우리 모두는 어릴 적 부모가 나를 바라보던 눈으로 자신을 바라보고 인식하기 때문이다. 그래서 "부모라는 거울로 자신을 본다"라는 말이 있는 것이다. 부모가 자녀를 키우면서 못마땅해하고, 부족하게 보고, 화를 냈다면 신기하게도 자녀는 커 가면서 자기 자신을 못마땅해하고, 부족하게 보고, 자신에게 화를 내게 된다. 따라서 사모가 자신과의 관계를 해결할 키워드는 '상처의 치유'이다.

2. 사모-남편의 관계

둘째, 사모의 '남편과의 관계'에 대해 살펴보자. 사모는 남편과 성도들 사이에서 외로움을 느낄 때가 있다. 옥한흠 목사님의 저서에서 읽었던 일화이다. 옥 목사님도 사모님도 비교적 젊으셨던 제자훈련 초기에는 밤늦게 제자훈련이 끝나고 나면, 목사님께서 모두를 승합차로 데려다주시곤 했다고 한다. 어느 날인가 승합차에 자리가 하나 모자라, 누군가가 내려야만 하는 상황이 되었다. 결국 사모님이 내리시며 "나는 천천히 걸어가겠다"라고 하셨다. 칠흑같이 어두운 밤에 집까지 걸어가시며 어떤 마음이셨을지 알 것만 같았다.

남편이 청년부를 담당하고 있을 때 가끔 리더들과 영화를 보고 오거나 또는 성도들로부터 식사를 대접받고 올 때면, 집에서 어머니와 어린 자녀들과 쩔쩔매고 있었을 내게 "그 영화 참 재미없더라", "그 식당 별로더라"라며 금세 탄로 날 거짓말로 얼버무리곤 했다. 몇 달이 지난 어느 날 그 영화 이야기가 화제가 되었을 때, 남편은 자기도 모르게 그 영화 괜찮았다고 얘기하다가 눈이 휘둥그레진 나를 보고는 겸연쩍게 껄껄 웃었던 기억이 있다.

남편에게 성도들이 어떤 의미인지, 얼마나 소중한 사람들인지 알면서도 가끔 말로 표현 못할 쓸쓸한 마음이 들 때가 있는 것은 어쩔 수 없다. 그러므로 더욱이 목회자인 남편과 그 아내인 사모는 매우 친밀한 관계를 유지해야 하고, 그것을 위해 노력해야 한다. 부부의 친밀함은 모든 부부를 향하신 일반적인 하나님의 뜻이자, 목회에 있어서 아무리 강조해도 지나치지 않을 만큼 중요한 부분이다. 사모와 남편과의 관계에서 가장 중요한 키워드는 '친밀감'이다.

3. 사모-자녀의 관계

셋째, 사모의 '자녀와의 관계'에 대해 살펴보자. 앞서 말한 바 있듯이, 사모의 자녀 양육은 교회와 성도들의 관심거리이자 귀추가 주목되는 일이다. 그것만으로도 목회자 가정의 자녀 양육은 버거운 일이 아닐 수 없다. 아울러 목회자의 자녀들도 늘 부담을 느낄 수밖에 없다.

그러므로 목회자와 사모의 자녀 양육은 더욱 하나님의 뜻대로 진행되어야 한다. 자녀를 부모가 얻어야 할 한 영혼으로 보고, 기도와 말씀에 의지하여 공들여 키워야 한다. 그래야 자녀 양육에 있어서 길을 잃지 않는다. 일반 성도들의 자녀 양육도 그렇지만, 목회자 가정의 자녀 양육은 더욱 '영적 전쟁' 그 자체이다. 사모의 자녀와의 관계에서 가장 중요한 키워드는 '부모가 얻어야 할 한 영혼'이다.

4. 사모-성도의 관계

넷째, 사모의 '성도와의 관계'에 대해 살펴보자. 성도들을 보살피고 중보하다보면, 모세가 하나님께 하소연했던 말들이 목회자나 사모의 심정과 같을 때가 있다.

이 모든 백성을 내가 배었나이까 내가 그들을 낳았나이까 어찌 주께서 내게 양육하는 아버지가 젖 먹는 아이를 품듯 그들을 품에 품고 주께서 그들의 열조에게 맹세하신 땅으로 가라 하시나이까

민 11:12

"내가 이 백성을 배었나이까 내가 그들을 낳았나이까." 모세도 지치고 힘들어서 하는 말이다. 그런데 이 말에 귀한 진리가 담겨 있다. 하나님의 백성은 하나님께서 배었고, 낳으셨고, 품에 품으신 존재들이다. 그러므로 하나님의 마음을 받은 모세에게도, 목회자에게도, 사모에게도 성도는 소중한 아기요, 생명이다.

조심하며 품에 품어 보살펴야 하는 성도는 사모라는 리더에

게 소중한 아기요, 생명이다. 어린 아기가 너무 까다로워서 부모가 조심하며 아기를 보살피는 것이 아니라 그 아기의 생명이 너무 소중하고 귀해서 끝까지 조심하며 돌보듯이, 성도는 하나님께 너무 소중하고 귀해서 잘 돌봐야 하는 소중한 생명이다. 사모의 성도와의 관계에서 가장 중요한 키워드는 '소중한 아기, 소중한 생명'이다.

5. 사모-교회의 관계

다섯째, 사모의 '교회와의 관계'에 대해 살펴보자. 교회 안에, 그것도 남편이 시무하는 교회 안에만 있다보면 사모들은 시야가 좁아져 눈앞에 현실만 보일 수가 있다. 그러나 하나님과의 관계는 물론, 교회와의 관계도 '영의 관계'이다. 사모는 특히 교회와의 관계에서 세상 논리가 아닌, 영의 관계에서 생각하고 반응하는 것을 잊지 말아야 한다. 교회와의 관계에서 가장 중요한 키워드는 '영의 관계'이다.

막힌 관계의 길을 여는 사역

사모의 모든 관계 속에서 하나님만 일하시는 것은 아니다. 악한 영도 함께 일한다. 그러므로 우리의 모든 관계 속에서 악한 영도 일한다는 것을 목회자와 사모는 물론, 성도들도 알아야 한다. 그래야 관계 속에서 일어나는 어려운 일들의 본질을 볼 수 있기 때문이다. 눈앞에 보이는 사람들 뒤에서, 보이지 않게 일하는 악한 영들이 서로 미워하고, 원망하고, 오해하도록 부추기고 있음을 기억해야 한다. 그러므로 성도들은 물론이고 사모는 더욱 깨어 기도하며 관계를 맺어가야겠다. 그럴 때 거짓의 영이요, 사람들 뒤에서 역사하는 사탄에게 속지 않는다.

우리는 죄인이기에 서로 용서가 필요한 존재들이다. 우리의 죄가 주님을 못 박았고, 주님은 제물 되어 그 피로 우리를 용서해주셨고, 동거 동행 교제할 수 있는 관계의 길을 열어주셨음을 잊지 말자. '관계'는 주님의 생명으로 열어주신 귀하디 귀한 길이다. 우리의 무지와 약함으로 관계가 끊기고 막히지 않도록 기도해야 하고, 전문적인 소통 기술 등을 배우고 익혀야 한다.

주님께서 우리에게 그러셨듯이 우리도 관계라는 길이 막히지 않도록 가꾸고 다듬을 뿐 아니라 막힌 관계를 뚫어주고 활짝 열어가야 하겠다. 그것이야말로 사람들의 눈에 잘 띄지 않는 사모의 중요한 사역이다.

자기 자신과의 관계 ;
상처의 치유

언젠가 이런 글을 읽어본 적이 있다. "도심에서 살 때는 '봄이 갔네' 하고 살았는데, 시골에 와서 살아보니 '봄이 왔네'가 되더라." 가을이 찾아오고, 봄이 찾아와도 그 가을을 만나고 봄을 만나 내 안에 초대하고 누리지 않는다면, 그 계절은 그저 스쳐 지나갈 뿐이다. 가을이 가을이 되고, 봄이 봄이 되는 것은 그것과 만나는 '나'에게 달려 있다. 그것이 무엇이든 내 안에서 그것을 누리고, 관계를 맺을 때 '나'도 존재하고, '그 대상'도 존재하게 된다. 사람들은 자신이 바빠서, 도시에 살아서 그저 지나쳐버린 줄 알지만 실은 내가 만나지 못한 것이다. 내가 관계를 맺지 못한 것이다. 그만큼 모든 관계에서 '나' 자신이 중요하다.

부모와의 관계 경험

아버지와의 모든 관계와 추억이 너무 괴롭고 수치스러웠던 내담자 A 씨는 이미 결혼했고, 아이들의 엄마이기도 하다. 하지만 늘 아버지가 자신에게 남긴 상처로 괴로워했다. 아버지는 몇 달에 한 번 정도 집에 들어왔다. 고2 때 아버지가 다른 여자와 통화하는 것을 듣고 아버지에게 심한 말을 한 적도 있다고 했다. 그 후로 아버지는 어쩌다 집에 들어오더라도 딸이 없을 때 왔다 갔다. 심지어 A 씨는 결혼할 때 엄마 친구의 남편의 손을 잡고 결혼식장에 들어갔다고 한다. 아빠라고 불러본 적도 없고, 차라리 아버지가 일찍 죽었으면 좋겠다고 생각할 정도로 아버지의 존재가 부끄러웠다. 아버지의 존재가 시댁 식구들에게 알려지는 일이 없기만을 간절히 바랐다. 다른 여자와 살면서 다른 자녀들을 낳고 살아온 아버지의 존재를 도무지 이해할 수 없고 용서할 수도 없기 때문이었다.

"아버지가 없다"라는 말이 평생 너무 수치스럽고 괴로웠지만, 그보다 더한 괴로움은 자신이 아버지를 닮았다는 생각이 들 때였다. 자신에게서 조금만 무책임한 모습이 보이고, 바른 생활이 안 될 때면 '내가 아버지를 닮아서 그런가?' 하는 생각이 들어 괴로웠다. '나 같은 사람은 아이를 낳지 말아야 하는데…' 하는 생각도 많이 했다고 한다. 부모자녀 간의 부정적인 관계가 자녀의 자아상에 얼마나 큰 왜곡을 일으키는지를 알 수 있다.

뿐만 아니라 자기 자녀를 볼 때에도 늘 부족하게 보여서 남들보다 뒤처질까 전전긍긍하며 뭔가 더 많이 가르쳐보려고 발버둥을 쳤다. 아이들은 아이들대로 힘들고, 엄마인 A 씨도 탈진해서 우울증을 앓았다고 했다. 그러다가 하나님의 은혜로 신앙생활을 했지만, 아버지로 인해 상처 난 마음이 온전히 치유되지는 않았다. 그러다보니 만나는 사람들과의 관계도 쉽지 않았다. 모든 상황마다 '내가 아버지를 닮아서 그런가보다'라는 생각으로 자신을 괴롭혔다. 부모와의 부정적인 관계로 인해 자아상이 왜곡되면, 자기 자녀와의 관계, 그리고 남편과의 관계, 타인들과의 관계 모두가 어려울 수밖에 없다.

사람들은 이 중요한 '관계'를 누구에게서 배우게 될까? 사람은 누구나 태어나면서부터 많은 관계를 경험한다. 나는 이 관계 경험에 대해 《부모 면허》에서 다음과 같이 설명하였다. "자기 자신이나 낯선 대상을 어떠어떠하다고 느낄 때, 무엇을 근거로 그렇게 이해하고 느끼게 되는 것일까? 그것은 그동안 내가 만나온 사람들과의 관계 경험을 근거로 한다. 관계 경험 중에서 가장 중요한 경험은 '부모와의 경험'이다."

창조주 하나님을 닮은 창조력이 부모에게 있다

자녀는 자기를 바라보는 부모의 눈길로 자기 자신을 바라본다. 그리고 부모가 나를 바라보는 눈길로 타인들도 나를 바라본다고 여기고, 타인을 대하게 된다. 만약 부모의 눈길이 자녀인 나를 긍정적으로 바라보고 기대하는 눈길이었다면 자녀도 자신을 그렇게 바라보는 것은 물론, 타인들 역시 자신을 긍정적으로 바라보고 있다고 느끼며 그들과 관계를 맺게 될 것이다.

그러나 부모가 나를 늘 부족하게 보고 못마땅하게 여겼다면 자녀인 나도 자신을 부족하고 못마땅하게 바라보는 것은 물론이고, 타인들 역시 나를 부족하게 보고 못마땅하게 여긴다고 느끼며 그들을 대하게 된다.

이렇게 사람은 누구나 부모와의 관계를 통해 자기 자신이 어떤 사람인지를 알게 되고, 부모와의 관계를 통해서 타인들과 관계 맺는 법을 배우게 되는 것이다. 부모라는 거울에 비친 자신의 모습을 보고 '내가 꽤 괜찮은 사람이구나!'라고 자신을 정의하기도 하고, '나는 왜 이렇게 별 볼 일 없는 존재로 태어난 걸까?'라고 인식하기도 한다.

어찌 보면 창조주이신 하나님을 닮은 창조력이 부모에게 있다고 해도 과언이 아니다. 그러나 그 창조력을 잘못 사용하면 파괴력이 될 수밖에 없다. 이것이 부모라는 존재가 얼마나 중요한지를 아무리 강조해도 지나치지 않은 이유이다.

우리는 부모를 바꿀 수도 없고, 부모가 나를 양육했던 태도를 바꿀 수도 없다. 하지만 내게 어떤 일들이 있었고, 내가 어떤 상처를 받았는지 인정하고 직면하는 것만으로도 많은 부분에서 치유가 일어난다. 우리 중에 많은 사람이 부모에게서 받지 못한 인정과 용납과 칭찬으로 인해 부정적인 감정으로 부모에게 묶여 있고, 상처에 묶여 있다. 부모가 나를 바라보던 눈길로 나 자신을 바라보고 있음을 깨닫지 못하면서 말이다.

참 부모이신 하나님의 눈으로 자신을 보는 사모가 되라

사람은 누구나 자기 자신과의 관계가 가장 근본이 되어 다른 사람과 관계를 맺어간다. 그렇게 중요한 자기 자신과의 관계는 곧 부모와의 관계와 연결되어 있다. 앞서 3장에서 안내한 대로 자신의 상처 난 마음과 경험을 직면하여서 부모에게 묶인 것을 풀고, 부모를 그 시대를 살았던 한 사람으로 보고, 부모에게서 받은 상처에 묶인 자신을 자유케 하기를 간절히 바란다.

평생 누군가 나의 어릴 적 억울함과 상처를 알아주기를 바라는 마음으로 살지도 말고, 아무 어려움도 없었던 것처럼 덮어두지도 말자. 무엇보다도 나의 참 부모이신 하나님께서 나를 바라보시는 눈으로 자신을 바라보자. 그리고 그 사랑을 의지하여 내가 나의 좋은 부모가 되어, 상처 입어 어쩔 줄 몰라 하는 어린 나를 꼭 안아주자.

그리하여 상처에 묶여 있는 사모가 아니라 하나님의 사랑에

묶여 있는 사모가 되고, 자신과 불화한 사모가 아니라 자신의
마음을 돌보는 사모가 되자. 사모들의 사역의 모습은 각기 다
르지만, 자신과의 치유된 관계는 중요한 사역의 준비이며 시작
이라 하겠다.

남편과의 관계 ;
친밀감

경건한 사모의 역할 속에는 경건한 아내의 역할이 있다. 경건한 아내로서의 역할은 매우 중요하다. 경건한 아내란 하나님과 그 뜻을 소중히 받들고자 하는 아내를 말한다. 그러한 아내야말로 남편에게 아리따운 여인이 아닐 수 없다.

  그런데 남편의 목회를 도우며 열심히 달려가다보면, 목사와 사모의 부부관계가 사역을 같이 하기 위해서 만난 관계처럼 변질되기가 쉽다. 때로는 담임목사와 원로목사의 관계 같기도 하고, 때로는 담임목사와 부목사의 관계 같기도 한 목회자 부부들이 있다. 물론 사역을 하다보면 그럴 수밖에 없는 경우도 있을 수 있다. 그러나 사모의 대체 불가능한 역할은 목회자인 남편의 아내요 연인이다. 기도와 말씀, 봉사 등으로 남편과 남편의 사역을 잘 도와야 한다는 생각은 귀하지만, 그렇다고 그것이 '남편과 아내로서의 관계'보다 더 중요할 수는 없다.

반드시 배우자와 사귀라

아내로서의 사모는 남편을 남성으로서 존중하고 응원하며, 때로는 치유를 돕는 사람이어야 한다. 이 역할을 잘해내려면 목회자 부부의 관계가 친밀해야 한다. 하지만 친밀함은 부부가 되면 저절로 얻어지는 것이 아니다. 가정을 이루고 나서 부부의 노력이 더 필요하다. 특히 목회자 부부는 그런 노력이 더욱 필요하다. 부부 사이에 틈이 생기면, 비록 사람의 눈에 아직 보이지 않을지라도 사탄은 이미 그것을 알고 공격을 시작하기 때문이다.

그러므로 부부라면 반드시 배우자와 사귀어야 한다. 시간과 정성과 돈을 들여서 만나고 사귀어야 한다. 배우자가 나를 만나기 전에는 어떻게 살아왔는지 들어봐야 하고, 그래서 지금은 내가 어떤 말을 해주기를 바라고 있고, 어떻게 감싸주어야 하는지도 알아야 한다. 바람도 쐬고, 맛있는 것도 먹고, 함께 노는 시간도 필요하다. 똑같이 외식을 해도, 두 사람이 데이트를 하고 있다는 의식이 있어야 한다.

그런데 요즘 부부들은 거의 사귀지 않는다. 아이를 낳고 나면 두 내외가 오직 아이의 부모로서 아이를 최우선으로 여기며 살아간다. 그러다보니 서로 만족감이 없고, 서로에게 감동할 거리도 없고, 추억거리도 별로 없다. 바쁘게 살아가는 목회자 부부라서 사귐의 시간조차 없는 것을 너무 당연하게 여긴다면, 부부 사이에 만족감과 감동이 없는 것은 물론이고, 영적으로 위험한 상태가 될 수도 있음을 기억해야 한다.

관계의 어려움을 겪는 부부들을 상담할 때 "배우자를 처음 만났을 때 어떤 면에 끌리고 좋았는지 궁금하다"라고 물으면, 조금 전까지 일그러져 있던 내담자의 얼굴에 엷은 미소가 번지는 것을 볼 수 있다. 배우자를 처음 만났을 때 느꼈던 감정이 떠오르기 때문일 것이다. 그 남자, 그 여자가 변한 것이 아니다. 그를 바라보는 내 마음이 변해서 안 좋은 모습만 보고 있는 것이다. 그 사람을 만났을 때 끌리고 좋았던 모습은 아직 그 남자, 그 여자 안에 그대로 있다. 다만 그것을 당연히 여기고 감격하지 않기 때문에 묻혀서 보이지 않을 뿐이다. 배우자의 장점을 보던 눈이 언제부터인가 단점을 보고 있는 것이다.

엎어치기 한판!

남편이 나의 생일이나 결혼기념일 카드를 써줄 때면, 카드의 마지막 부분에 늘 써주던 표현이 있다. "나의 아내이자 연인이자 제일 좋은 친구이자 스승인 경이에게"였다. 나는 고맙기도 했지만 '내가 왜 남편의 스승이지?' 싶어서 남편에게 물었다. 내가 어떻게 당신의 스승이냐고. 남편은 "내가 당신에게서 열정을 배우고 있으니 내 좋은 스승이지"라고 대답했다. 나의 단점은 태산처럼 많은데, 남편은 나에게 "왜 이렇게 몸이 약하냐?", "상처는 왜 이렇게 많냐?", "겁이 지나치게 많다", "꼭 이렇게 깔끔을 떨어야겠냐?" 등 약점을 지적하는 말을 한 적이 없다. 도리어 나의 장점을 콕 집어 알게 해주는 좋은 지적을 자주 해주었다. 예를 들어 나에게 당신은 '조강지처'라고 했다. 그러면서 "조그만데 아주 강단 있는 마누라"라는 뜻이라고 너스레를 떨곤 했다. 조그맣고 힘이 없는데, 뭔가 해보려고 애쓰는 내 모습을 그렇게 좋게 표현해준 것이리라. 그러다보니 나는 남편에게 더 좋은 사람이 되고 싶었고, 그런 사람이 되어가고 있었다.

지난 우리 부부의 이야기를 소개한 이유는, 부부 사이에 친밀감을 위해서 꼭 필요한 것이 '엎어치기 한판'이라고 말하고 싶기 때문이다. 《부모 면허》에서도 부모가 자녀의 약점을 뒤집어 약점 뒤에 숨은 장점을 찾아내서 자녀에게 말해주라는 내용을 소개했다. 부부 사이에서도 상대방의 약점 뒤에 숨은 장점을 찾아 배우자에게 말해주는 엎어치기 한판이 절실하다. 결혼하고 나서 배우자의 단점이 장점보다 더 많아 보이기 전에 시작하면 좋다. 하지만 이미 배우자의 약점만 보이는 상태라도 절대 늦지 않다. 어색할 수도 있지만, 친밀감 회복을 위한 영적 전쟁이라 생

각하고 남편에게 전달하자. 시간이 좀 걸리더라도 남편에게 '되'
로 준 엎어치기 한판은 곧 '말'로 돌아오게 되어 있다.

목회자 부부의 친밀감을 위한 노력

목회자 부부의 친밀감을 위한 노력에는 '엎어치기 한판' 외에
어떤 것들이 있을까?

1. 하나님과 함께 살아야 한다

첫째, 하나님을 모시고 셋이서 함께 살아야 한다. 너무 당연
한 말 같지만, 목회자와 사모는 가정에서부터 하나님의 통치를
바라고, 하나님께 순종하며, 하나님의 나라를 이루어가야 한다.

> 남편들아 이와 같이 지식을 따라 너희 아내와 동거하고 그를 더
> 연약한 그릇이요 또 생명의 은혜를 함께 이어받을 자로 알아 귀히
> 여기라 이는 너희 기도가 막히지 아니하게 하려 함이라 벧전 3:7

하나님께서는 "아내가 남편보다 더 연약하다"고 말씀하신다.
그 말씀 안에는 "남편도 연약하다"라는 주님의 말씀이 숨어 있
다. 또한 '연약하다'라는 표현을 보면, 죄악으로 인해 더럽고 부
끄러운 우리를 하나님께서 얼마나 긍휼히 여기시는지를 알 수

있다. 하나님께서는 부부가 서로를 연약한 사람으로 보고 긍휼히 여기기를 바라신다.

아울러 부부는 서로를 "생명의 은혜를 함께 이어받을 자로 알아 귀히 여기라"고 말씀하신다. 부부는 서로를 연약하지만 귀하게 여기라고 말씀하신다. 그럴 때 부부의 기도가 막히지 않는다고 말씀하신다. 부부가 잘 살아야 하는 이유 중에 중요한 부분이 바로 기도가 막히지 않게 하기 위해서다. 주님은 모든 부부의 기도가 막히지 않기를 바라신다. 하물며 목회자와 사모이랴.

2. 여성성과 남성성을 잃지 말아야 한다

둘째, 부부는 서로에게 여성성과 남성성을 잃지 않아야 한다. 아무리 함께 사역을 하더라도, 아니 그래서 더더욱 아내는 여성성을, 남편은 남성성을 잃지 말아야 한다. 목사와 사모, 아빠와 엄마로만 살아서는 안 된다. 남편이 아내를 자기 몸같이 사랑하며 여성으로 대해줄 때 아내는 더욱 여성으로서 아름다울 수 있고, 아내는 남편의 머리됨을 인정하여 존경하며 그 뜻을 따르기를 힘쓰며 남성으로 대해줄 때 남편은 더욱 아내 앞에서 남성으로서 멋지고 목회자로서 힘을 얻는다.

3. 원활한 의사소통을 이루어야 한다

셋째, 목회자 부부의 의사소통은 매우 중요하다. 안타깝게도 우리나라에는 배우자를 비난하는 것이 습관화된 아내들이 많다. 아내의 말을 무시하는 것이 일상인 남편들도 많다. 비난과 무시가 아닌, 자신이 바라는 것(want)을 말하는 습관을 들여보라. 부부의 관계가 달라질 것이다.

사모는 자칫 교회와 성도들을 위한다는 명분으로 남편의 실수나 부족한 점을 언급하게 될 때가 있다. 특별히 남편이 하는 사역에 대해 이야기하다보면 남성이 가장 듣기 힘들어하는 지적을 하게 되고, 남편의 자존감과 자아정체감에 타격이 되어, 목회에 도움이 되라고 했던 말들이 오히려 목회에 부정적인 영향을 줄 수 있다. 아울러 목회자 부부의 친밀한 관계에도 반드시 악영향을 미치게 된다.

가데스바네아에서 정탐꾼들을 보낼 때에 가나안 땅에 대해 평을 하라고 보낸 것이 아니었으나 돌아와서 악평을 쏟아놓아 백성들의 마음을 불신앙과 두려움에 떨게 한 것처럼, 사모도 남편의 귀에 평가하는 말과 악평을 들려주어 남편의 마음을 낙심하게 할 수가 있다. 그러므로 전문적인 의사소통 기술을 배우고 익히는 것은 사모가 따야 할 첫 번째 면허이자 매우 중요한 사역의 준비다.

4. 함께 시간을 보내야 한다

넷째, 바쁜 목회 일정 속에서도 부부가 함께 시간을 보내며 데이트하라. 아무리 시간이 없는 목회자 부부라 해도 새벽기도를 마치고 집으로 돌아오는 길에 동네 꽃구경은 할 수 있지 않은가. 목회자도 외롭고 사모도 외로운 자리다. 서로가 서로에게 가장 좋은 친구로, 하나뿐인 연인으로 오랫동안 남을 수 있도록 노력해야만 한다.

5. 영적으로도 친밀해야 한다

다섯째, 영적 친밀감을 위한 노력도 필요하다. 무엇보다 정서적으로 친밀할 때, 영적으로도 친밀할 수 있다. 그래서 목회자 부부는 정서적으로 친밀해지는 대화도 필요하고, 영적으로 친밀해지는 대화도 필요하다. 교회와 사역에 대해서 이야기하는 것과 영적인 대화는 다른 것이다.

부부의 영적 도전과 친밀감

지금 생각해보면 남편은 우리 부부가 영적으로 친밀해지는 방법을 잘 알고 있었던 것 같다. 자기가 읽으면서 귀한 깨달음을 얻은 책이 있으면 자신의 책상 한쪽에 놓아두곤 했다. 그리고 "내가 은혜받은 책이니 당신도 읽어보라고 여기 둔다"라고 귀뜸해준다. 그럴 때 책을 읽고 나서 함께 나누었던 대화가 얼마나 서로를 영적으로 친밀하게 했는지, 그 당시보다 시간이 흐른 지금 더욱 잘 느껴진다.

집안일로 바쁜 나와는 달리, 남편은 가끔 좋은 강의나 세미나 등에서 영적인 힘을 얻어올 때가 있다. 세미나에서 돌아오면 그 은혜와 도전이 사라지기 전에, 잠드는 내 머리맡에서 항상 들은 내용을 얘기해주곤 했다. 때로는 이야기를 들려준 남편은 곧바로 잠이 들었지만, 나는 가슴 뛰는 은혜로 쉬이 잠들지 못할 때도 있었다.

목회자에 비해 사모는 영적으로 좋은 도전이나 자극이 적을 수밖에 없다. 부부 중 한 사람이 영적으로 뒤처지지 않도록 서로 노력해야 한다. 사모 역시 은혜가 되는 말씀이나 성도들과 자녀들의 간증 거리 등이 있을 때마다 남편에게 잘 전달하며, 함께 영적으로 친밀할 수 있어야 한다.

남편과의 관계의 핵심 키워드는 친밀감이다. 남편과의 사이에 친밀감이 없어 서운하다면, 부부의 친밀감을 위해 자신이 어떤 노력을 했었는지 생각해봐야 한다. 남편과의 정서적, 영적 친밀감은 봄이 되면 꽃이 피듯 저절로 찾아오지는 않는다.

자녀와의 관계;
부모가 얻어야 할 한 영혼

경건한 사모의 역할 속에는 경건한 어머니의 역할이 있다. 경건한 어머니는 하나님과 그 뜻을 소중히 받들고자 하는 어머니를 말한다. 앞서 언급했듯이 자녀들의 참 부모는 하나님이시고, 엄밀한 의미에서 우리는 하나님의 자녀들을 잠시 맡아 키우는 위탁부모요 양부모이다. 그러므로 육신의 부모는 자녀에게 참 부모이신 하나님을 가르쳐주고, 전해주고, 보여주는 사람들이다. 그것이 위탁부모로 우리를 부르신 이유이자 목적이다. 자녀 양육과 교육이 여기에서 출발하지 않는다면 아무리 목회자의 가정이라 할지라도 자녀 양육에 관한 길을 잃어버릴 수밖에 없을 것이다.

그러므로 아이를 향한 하나님의 계획보다 부모인 나의 생각을 앞세우지 말아야 한다. 다른 사람들의 영혼을 얻기 위해서는

온 힘을 쏟아부으면서도, 내 자녀만은 '내가 얻어야 할 한 영혼'
으로 보지 않고, '내가 성공시켜야 할 아이'로 본다면 그것은 불
신앙이다.

복음의 다리가 되는 부모

아이들의 아빠인 목회자는 아무리 자녀를 사랑하고 돌보려
해도 한계가 있다. 자녀들보다는 성도들의 양육에 우선순위가
있기 때문이다. 그럼에도 불구하고 목회자와 사모는 자녀들을
주님의 제자로 세워가야 한다. 자녀에게 복음을 증거하고, 그들
의 손에 복음의 바통을 넘겨주어야 한다. 자녀가 부모인 나를
통해 하나님을 만날 수 있도록, 복음의 다리가 되어야 한다. 그
들이 성장하는 내내 복음의 바통을 잘 붙잡고 있는지 주목해야
하고, 신앙생활(예배, 말씀, 기도, 전도 등등)을 삶으로 보여주며, 복
음의 다리가 되기 위해 무엇보다도 자녀와의 좋은 관계를 유지
해야 한다.

나는 이 부분을 "자녀의 영혼을 얻기 위해 자녀의 마음을 얻
어야 한다"라고 표현한다. 자녀들의 마음을 감동시키고 그들의
마음을 얻어 좋은 관계를 맺고 있다면, 그들의 영혼에 하나님을
소개하고 자녀들과 함께 말씀을 나눌 기초 작업이 준비된 것이
다. 효율적인 신앙의 전수는 자녀와의 좋은 관계에서 시작된다

는 것을 명심하기 바란다. 자녀와의 좋은 관계가 구축되지 않았는데 교회에 데려다놓았다고 해서, 성경을 읽게 하고 가정예배를 드린다고 해서 자녀의 영혼이 저절로 얻어지는 것이 아니다.

면허받지 않은 말을 주의하라

자녀들의 마음을 얻기 위해 부모인 우리가 반드시 배우고 훈련해야 할 것은 바로 '말'이다. 부모도 전문적인 의사소통 기술을 배우고 익혀야 한다. 부모로서 사모로서 우리는 말을 배우고 훈련해야 한다. '부모의 면허를 받지 않은 말'이 자녀의 마음을 상하게 해서 결국에는 자녀의 영혼을 얻을 수 없는 일이 생길 수도 있고, '사모의 면허를 받지 않은 말'이 성도의 마음을 상하게 해서 그 영혼을 시험에 들게 하거나 잃어버릴 수도 있기 때문이다.

전문적인 의사소통 기술에서는 말하기 전에 반드시 상대방(자녀)과 나 중에서 '누구의 마음이 힘든지'를 생각하고 나서 자녀의 마음이 힘들면 부모인 내가 들을 차례이고, 부모인 나의 마음이 힘들면 나는 말할 차례라고 안내한다. 그런데 부모들은 자녀들이 힘든 상황일 때 더 많은 충고를 하고, 뼈 때리는 말들을 하곤 한다.

예를 들어 자녀가 그동안 친하게 지내던 친구가 자기와 놀기 싫다며 쌩하니 가버려 의기소침해져서 이야기를 한다고 치

자. 그럴 때 "엄마가 걔랑 놀지 말라고 했지", "네가 걔한테 얼마나 우습게 보이면 그랬겠어", "이제 걔가 놀자고 해도 놀지 마라" 등등 부모가 하고 싶은 말들을 쏟아놓기에 바빴다. 그러나 그럴 때는 자녀의 마음이 힘든 상태이니, 부모는 들을 차례다. 늘 부모가 하고 싶은 말만 쏟아내서 안 그래도 힘든 자녀에게 숱한 상처를 주는 일들을 이제 그쳐야 하겠다.

대한민국 아이들의 자살률이 높은 것도, 소아청소년 정신의학과와 각종 치료센터에 아이들이 줄을 서는 것도, 10년 치 예약이 다 끝났다는 어느 소아청소년 정신의학과 교수의 예약 상황까지도…. 결코 우연이 아니다. 늘 통제언어와 지시적 언어를 사용하고, 남보다 먼저, 빨리, 많이 가르쳐서 성공시켜야 한다는 부모의 강박적인 상태를 돌이켜야 한다.

많은 부모들이 '쟤가 안 그랬었는데…'라며 자신의 자녀가 변했다고 말한다. 그러나 그것은 부모가 미처 알아차리지 못하는 문제가 누적되었다가 자녀에게 힘이 생기는 나이가 되면서 드러나는 것뿐이다. 부모의 눈에 자녀의 질그릇은 보이는데, 그 안에 담긴 보배가 보이지 않는다. 단점은 보이는데 자녀 안에 하나님이 심으신 잠재력과 장점과 사명을 보지 못한다. 이것은 아이를 붙잡고 못살게 굴며 아이와 씨름할 일이 아니다. 부모가 치러야 할 영적 전쟁이다. 자녀 양육은 속도의 전쟁이 아닌, 하나님을 보는 전쟁이다.

좋은 관계와 믿음의 모범을 선물하라

자녀들은 부모가 일상생활 속에서 어떻게 믿음으로 사는지, 어떻게 영적으로 대처하는지를 눈여겨보고 있고, 또 그것을 배우게 된다. 가정은 늘 현장학습이 이루어지는 곳이다. 자녀들과 좋은 관계를 맺기 위해 노력하고, 믿음의 모범을 보일 때 자녀들은 부모의 가치관을 따라간다. '좋은 관계'와 '부모의 모범'은 부모가 줄 수 있는 가장 좋은 선물이다.

그런 의미에서 목회자 자녀들은, 부모가 성도를 보는 눈길로 교회와 성도들을 보게 된다. 그러므로 목회자 부부는 가정에서 중직자나 성도들, 교회에 대한 부정적인 이야기를 해서는 절대 안 된다. 그러면 자녀들 안에 하나님의 백성과 교회에 대한 혼란과 원망과 비판이 쌓여, 결국 신앙의 큰 어려움을 겪는 경우를 자주 보게 된다.

사모도 사람인지라 자녀의 성공을 간절히 바라게 된다. 그러나 성도들은 영적인 잣대로, 자녀는 세상의 잣대로 양육해서는 안 될 일이다. 하나님은 그분을 만나고 따르는 사람을 이 땅에서 사명으로 이끄시고, 그 인생길을 보호하시고 인도하신다. 사모의 자녀와의 관계에서 키워드는 '자녀는 부모가 얻어야 할 한 영혼'이라는 것이다.

성도와의 관계 ;
소중한 아기, 소중한 생명

후배 사모와 이런저런 이야기를 나눌 때였다. 후배 사모가 사모들과 이야기를 나누다보면 "성도들을 만나 말하거나 관계를 맺을 때마다 너무 조심스러워서 힘들다"라는 이야기를 많이 한다고 했다. 왜 아니겠는가. 특별히 젊은 사모가 성도들과 만나 이야기를 나눈다는 것은 정말 조심스러운 일일 수밖에 없다. 긴장되는 상황이 좋을 사람은 없다.

나는 그날 후배 사모에게 이렇게 말했다. 너무 정석 같은 대답이었지만, 답을 하는 내내 내 안에서는 하나님의 감동이 있었다. 성도는 하나님께서 목숨 주어 구원하고 사랑한 한 영혼이고, 내 곁에 보내주신 내가 얻어야 할 한 영혼이요, 생명이다. 이 소중한 생명을 다루는 일이 어찌 조심스럽지 않을 수가 있겠는가. 아기를 키울 때도 부모들은 많은 것을 조심하며 양육한다.

쥐면 꺼질까 불면 날아갈까 금지옥엽으로 키운다. 아기가 까탈스러운 존재라서 조심하는 것이 아니다. 그 생명이 너무 소중해서, 고되지만 기쁘게 모든 주의를 기울여 조심하듯이, 성도가 까탈스럽고 힘든 존재라서 조심해야 하는 것이 아니라, 성도 한 사람의 생명이 너무 소중하기 때문에 그들을 대하는 일이 조심스러울 수밖에 없는 것이다.

아기라면 키우셔야죠!

오래전 '뿌리 깊은 나무'라는 드라마를 감명 깊게 본 적이 있다. 조선시대 세종의 훈민정음 반포에 얽힌 이야기를 담은 사극이다. 아직 훈민정음이 만들어지기 전, 가난과 역병으로 죽어가던 백성들은 어디서든 살려달라고 왕에게 애원하지만, 그들을 살릴 방도가 없었던 세종은 "나는 할 만큼 다 했지만 모든 게 바뀌지를 않는다. 그저 너희는 세 살배기 아기처럼 떼를 쓰고 있다"라고 괴로워하며 울부짖는다. 그때 실어증으로 말을 못 하는 궁녀 소이가 글을 써서 세종에게 이렇게 아뢴다.

"아기라면 키우셔야지요."

그렇다. 아기라면 키워야 한다. 목회자와 사모에게 성도들은 때론 아기처럼 떼를 쓰기도 하고, 끊임없는 문제들로 지치게도 하고, 심지어 억울하게 할 때도 있다. 그럴 때면 '뿌리 깊은 나무'의 이도처럼, "나는 할 만큼 다 했다"라고 소리치고 싶은 순간이 온다. 모세처럼 "아니 내가 이 백성을 배었나이까? 내가 그들을 낳았나이까?" 하고 하나님께 토로하고도 싶다. 하지만 아기가 울고 떼를 쓴다고 양육을 포기하지 않듯이, 성도는 하나님의 소중한 아기요 소중한 생명이라서 포기할 수가 없다. 돌보고 키워야 한다. 그래서 역설적으로 성도는 목회자와 사모를 가장 목회자와 사모답게 만들어가는 존재이기도 하다.

요즘은 아기를 낳고 키우는 일이 너무 힘들다며 자녀 낳기를 꺼린다. 낳은 후에도 자녀 키우는 일을 귀하게 여기는 사람들이 점점 줄어들고 있다. 어린 자녀를 돌보고 키우는 일을, 부모인 나를 닳아 없어지게 만드는 무의미한 일처럼 생각하는 사람들이 늘어난다. 언제부터인가 희생이 남기고 가는 값진 결과를 도무지 보지 못하는 세대가 되어가는 것 같다. 그러나 '희생'만이 남길 수 있는 인생의 열매가 있다. 성도를 하나님나라의 소중한 생명으로 바라보는 일이 쉽지만은 않을 것이다. 그러나 그것은 사모가 반드시 견지해야 할 '성도를 바라보는 관점'이다.

전이와 역전이

상담을 하다보면, 내담자와 상담사 사이에서 전이와 역전이가 일어나기도 한다. 내담자가 어린 시절 부모나 형제 등에게서 겪었던 감정을 상담사에게 투사하는 것이 '전이'이고, 그때 상담사도 과거에 중요한 사람에게서 느꼈던 감정을 내담자에게서 느끼는 것이 '역전이'이다. 전이와 역전이의 감정이 좋은 감정일 때도 있지만 부정적인 감정일 때가 많기 때문에, 상담사가 전이와 역전이를 능숙하게 처리하지 못하면 상담에 어려움을 겪게된다.

그런데 목회자와 성도 사이, 사모와 성도 사이에서도 전이와 역전이가 일어나기도 한다. 그만큼 목회자나 사모가 부모상(像)을 가지고 있다는 반증이기도 하다. 내 주위에도 역기능가정에서 부모와의 부정적인 관계 경험이 많았던 사람들이 목회자나 사모의 부정적인 면을 남들보다 빨리 발견하고, 남들보다 더 크게 비난하고, 그 감정 때문에 남들보다 더 힘들어하는 것을 본다. 그때 사모 역시 원가정에서의 상처를 치유받지 못한 상태라면, 특별한 이유도 없이, 또는 큰 실수를 한 것도 아닌데 이상할만큼 사모와 성도 간에 서로 좋지 않은 감정을 느끼며 관계가꼬일 수 있다.

그럴 때는 섣불리 힘든 관계를 풀어보려는 시도를 하기보다는, '이 상황이 바로 저 성도와 나 사이에 전이와 역전이가 일어난 상황인가보다'라고 직면하는 것 자체가 도움이 된다. 그것만으로도, 속절없이 피해의식에 사로잡혀 사탄의 공략에 넘어가는일은 일어나지 않을 것이다. 아울러 나도 그 성도도 만족스럽지 않았던 어릴 적 관계 경험으로 인해 마음이 아프고 연약한 사람들임을 하나님 앞에 나아가 고백하고 긍휼을 구하며, 악한 영들의 궤계를 묶어주시기를 기도할 때, 하나님의 도우심이 펼쳐질 것이다.

사모의 경청, 눈맞춤, 중보

어느 교회에서 성도들이 모임과 교육을 통해 자신들이 얼마나 변화했는지 간증과 같은 소감을 나누고 있었다. 몇몇 성도들은 은혜로운 소감을 들을 때마다 웃으며 사모님과 눈을 맞추고 싶어서 사모님을 자주 바라보았는데, 안타깝게도 사모님은 그 눈길을 느끼지 못했다. 그때마다 실망한 성도의 표정이 역력했는데도 사모님은 끝내 그것을 알아차리지 못했다.

물론 사모님도 일부러 그런 것은 절대 아니었다. 하지만 성도들의 간증이 사모님에게 중요한 관심사라는 느낌을 주기에는 부족했다. 사모님이 성도를 가볍게 여기거나 무시해서 그렇게 행동한 것은 아니다. 자신의 눈맞춤이나 경청의 자세가 누군가에게는 얼마나 간절히 바라는 것이며 큰 영향력을 가지고 있는지를 모르는 것뿐이다. 알게 된다면 얼마든지 좋은 경청의 자세와 눈맞춤으로 성도들과 대화할 것이라고 믿는다.

성도에게 "당신이 정말 소중한 존재요, 의미 있는 존재"임을 알릴 수 있는 것이 바로 사모의 '경청', '눈맞춤', '중보'이다. 그들에게 잘 보이기 위해서가 아니라, 그 영혼이 하나님께 얼마나 소중한 생명인지 알기 때문이고, 성도 본인에게 알려주기 위해서다. 성도들이 소중해서 그들의 이야기를 경청하며, 그들과 눈을 맞추며, 들었던 그 사연을 잊지 않고 중보하는 것이다. 그들이 소중해서 그들의 비밀을 소중히 여기며 지키는 것이고, 그들이 소중해서 사모인 나는 외로울지언정 소외감을 느끼는 성도가 없도록 성도 중에 더 가까운 이들을 두지 않는 것이다. 주님을 사랑하기에 주님께서 목숨을 내주어 사랑하신 성도들을 주님의 눈길로 바라보고 대하는 것이다.

사모의 눈맞춤과 경청은 성도의 부모도 주지 못했던 '치유'를 맛보게 할 수 있다. 사모의 작은 관심과 중보는 성도의 부모도 주지 못했던 '인정과 위로'를 느끼게 한다. 그들을 소중히 여기시는 하나님의 영이 사모를 통하여 일하시면 기적 같은 그 일이 가능하다.

교회와의 관계;
영의 관계로 보라

태중에 아기를 품고 있는 엄마들이나, 아기에게 수유 중인 엄마들은 그 기간 내내 매운 음식을 먹고 싶어도 먹지 못한다. 만약에 수유 중인 엄마가 매운 음식을 먹고 싶은 유혹을 이겨내지 못한다면, 다음 날 어린 자녀가 아파하고 괴로워하는 것을 볼 수밖에 없을 것이다. 마찬가지로 사모가 하나님 앞에 어떤 상태로서 있는가는 자녀에게로, 남편에게로, 성도들에게로, 교회로 그대로 흘러갈 수밖에 없다.

그러므로 사모가 교회에서 무슨 사역을 하는가, 그 사역을 얼마나 잘 하는가 하는 'Doing'보다 사모가 '어떤 영적 상태인가' 하는 'Being'에 관한 것이 더 중요하다. 그것은 사모가 직장을 다니느냐 안 다니느냐의 문제보다 더 중요하다. 사모는 교회에서 아무 사역도 하지 말라는 말이 아니다. 무조건 사역을 하라는 말도 아니다. 그것은 교회의 사정에 따라 전혀 다를 수밖에 없을 것이다. 사모의 영적인 상태가 교회로 흘러가 반드시 영향을 미치게 된다는 이야기를 하고 있는 것이다.

사모의 우선순위와 자기관리

사모님들 중에는 교회에 나와 일하는 것을 기뻐하고 좋아하는 분들이 있다. 그러나 교회 안에 일할 성도가 전혀 없는 상황이 아니라면, 사모가 이런저런 사역을 맡아 하는 것을 못마땅해하는 성도가 있을 수 있다.

그뿐인가? 남편이 사역에 지쳐 집에 돌아왔을 때 잠시라도 행복하게 쉴 수 있도록 준비가 되어 있어야 하는데, 사모 역시 교회 사역으로 바쁘다보면 그 준비가 어려울 수밖에 없다. 반대로 교회 안에 있을 때보다 교회 밖에 있을 때 더 행복하고, 에너지가 상승하는 사모님들도 있다. 하나님 안에서 자신의 영적 상태를 점검해보아야 할 일이다.

그런 면에서 사모는 우선순위와 자기관리가 매우 중요한 사람이다. 누구나 그렇겠지만 사모는 더더욱 아무도 보지 않는 곳에서 그 시간을 어떻게 보내는지가 매우 중요한 사람이다.

나는 결혼과 함께 시어머님을 모시고 살게 되었는데, 극도의 내핍생활(넉넉하지 못한 살림을 참고 견디며 살아감)을 해오신 어머니는 혼수로 사온 세탁기를 놔둔 채 내게 손빨래를 가르치셨다. 그렇지 않아도 서툰 요리 실력에 종일 부엌을 떠날 수가 없었는데, 양말 한 켤레와 와이셔츠 하나를 빨고 나오면 한 시간이 훌쩍 지나가 있었다.

나중에는 손빨래하는 시간이 아까워, 벽에 중보해야 하는 수많은 영혼들의 이름과 사정을 써놓고 기도하며 빨래를 하기도 했다. 그러다보니 무슨 일이 더 중요한지, 어떻게 하면 그 일들을 다 해낼 수 있을지 고민해야만 했다. 그렇게 나만의 우선순위를 세우고, 그 우선순위로 나 자신을 관리하고 가정을 관리했다. 그것이 곧 내가 사모로서 해야 할 일이라고 생각했기 때문이다.

내가 세운 우선순위는 다음과 같다.

첫째, 하나님께 예배드리는 것

둘째, 말씀과 기도로 하나님과 교제하는 것

셋째, 가족의 의식주를 챙기는 것

　　　 자녀와 함께 말씀의 은혜를 나누는 것

넷째, 남편이나 자녀와의 데이트 / 전도

다섯째, 나의 발전을 위해 밤에 독서, 공부, 체조하는 시간

여섯째, 교회 심방이나 경조사 등은 언제나 최우선순위

인생이라는 유한한 시공간에 우선순위 없이 많은 것들을 채워 넣다보면, 어느 순간 그다지 중요하지 않은 것들로 가득 찰 수가 있다. 사모라는 리더는 우선순위가 있는 삶을 살아야 하고, 그것이 사모의 자기관리라고 말하고 싶다. 사모가 아닌 그 누구라도 우선순위가 있는 삶을 살아가는 것보다 더 중요한 자기관리는 없을 것이다.

성도들의 중간 정도로 살라는 어머니의 교훈

나는 예수님을 믿게 된 지 6년 만에 결혼을 하게 되었다. 6년 동안 주님께 붙들린 바 되어 즐거이 하나님을 알아가고, 힘을 다해 교회와 선교단체에서 제자훈련을 받았으며, 나도 힘써 전도하고 제자를 양육했다. 그러나 목회자와 결혼하고 나서 보니, 나는 교회나 교회생활에 대해서 아는 것이 거의 없었고, 자연스럽게 믿음의 가문인 시댁과 시어머니, 그리고 남편에게 교회에 대하여 하나씩 배우게 되었다.

그중에서 "성도들의 중간 정도로 살라"고 하셨던 어머니의 말씀이 제일 먼저 기억난다. 경제적으로 성도들의 평균 정도로 살라고 하시는 말씀이었다.

"너들이 너무 부하게 살믄 가난한 성도들이 시험에 들고, 너들이 너무 가난하게 보이믄 성도들이 마음 씨이고 덕이 안 되니께 어찌하든동 성도들 사는 중간 정도만 살아래이."

그 말씀을 듣던 날, 어머니가 너무 무서워서 힘들어하던 마음은 다 사라지고, 어머니가 어찌나 감사하고 귀해 보이시던지! 교회생활에 대해서 아무것도 모르는 어린 사모에게 이렇게 중요한 말씀을 해주시는 분이 곁에 계신 것에 정말 감사했다. 전도사의 사례로 성도들의 중간만큼 사는 것처럼 보이는 일도 쉽지는 않았지만, 늘 풍요로운 마음과 자세로 살며 싸고 좋은(?) 물건을 고르는 고수가 되었다. 나는 어머니의 말씀을 통해 '사모는 교회의 성도들을 생각하고, 그들의 마음을 보살피는 사람'이라는 것을 배웠다.

교회에 덕을 세우는 목회자와 사모

남편과 살면서 상상도 해보지 않은 고통스러운 일이 있었다. 남편이 부교역자일 때 남편이 말도 안 되는 누명을 쓴 일이 일어났다. 너무 억울했던 나는 당장 아니라고 담임목사님께 말씀드리라고 했다. 그러나 남편은 "내가 하지 않은 일을 내가 하지 않았다고 굳이 말하는 것이 도리어 변명 같아서 싫고, 교회만 어지럽힌다"라며 아무런 대응을 하지 않았다. 오직 하나님께 아뢸 뿐이었다.

그때 남편이 들려준 말이 있었다.

"아무리 관계가 꼬이고 억울한 일이 있어도 다른 사람들을 찾아가 일일이 변명하지 말아야 한다. 교회 안에 분란만 일어난다. 하나님 앞에 엎드려 있다보면, 짧으면 3개월, 길면 1년 안에 사람들은 사건의 진상을 알게 되어 있다."

그 후로 우리는 그 말이 맞다는 것을 확인할 수 있었다. 교회 안에는 참 많은 일들이 일어난다. 그 일들이 목회자가 아닌 사모에게도 일어날 수 있다. 고난 중에도 나 자신을 돌아보고, 하나님의 질서를 따르며, 교회의 화평을 생각할 때, 목회자와 사모는 교회에 덕을 세우며, 하나님의 온전한 도우심을 입게 된다는 것을 알게 되었다.

주님의 마음에 합한 인애가 있는가?

부모이면서도 자녀 양육이 유독 버거운 사람들이 있다. 부모이지만 부모이기를 힘거워하는 부모들이다. 마찬가지로 사모들도 '남편이 목회에 부름을 받은 것이지 나는 아니다'라고 하며, 사모이지만 사모이기를 버거워하는 사모들이 있다. 그러면 과연 그들은 믿음이 없는 사모일까?

그만큼 사모의 자리와 역할이 힘들다는 반증일 것이다. 특별히 희생을 모르는 이 세대 가운데서 자라온 젊은 사모들에게 '사모'라는 캐릭터는 본 적 없는 매우 낯선 역할이다. 게다가 교회마다 사모에 대한 요구가 다르고, 성도마다 사모에 대한 생각이 다르니 어디에 맞춰야 할지 알 수 없어 지레 겁먹을 수밖에 없다.

그런데 사모의 역할을 가르쳐주는 학교도, 심지어 사모의 역할에 대한 정의조차 찾아보기가 어렵다. 부모의 역할을 힘겨워하던 부모들도 성경에서 부모의 역할을 배우고, 그 역할에 필요한 기술들을 익히고 나면 좋은 부모로 변화되는 모습을 부모학교에서 얼마든지 볼 수 있다. 마찬가지로 사모들도 성경에서 사모의 역할을 배우고, 그 역할에 필요한 기술을 익히는 학교가 필요하다. 아기가 자라서 어른이 되듯, 주님의 마음에 합한 사모로 한 걸음씩 성장하고, 하나님의 영에 붙들려 성숙하리라 기대하고 기도한다.

선지자이지만 하나님의 마음과 무관했던 요나가 생각난다. 좌우를 분간하지 못하는 니느웨 성 사람들을 향한 아버지의 마음을 몰랐던 요나. 겨우겨우 니느웨로 가서 성으로 들어갔지만 요나의 마음에는 하나님의 인애가 없었고, 그는 괴로워했다.

내가 교회의 사모이지만, 하나님의 마음과 무관한 자는 아닌지! 교회와 성도들을 향한 아버지의 마음은 보지 못하고, 오직 눈에 보이는 것만 보고 있지는 않은지! 가라고 하신 니느웨로 들어갔지만 내 안에 하나님의 마음과 인애가 없다면, 그 누구보다 고통스러운 사람은 사모 자신일 수밖에 없다.

남편에게 사례를 주는 곳이 교회가 아니다. 주님이 생명을 바

처 사랑한 주님의 몸 된 교회다. 사모와 교회의 관계는 매우 영
적인 관계이다.

사모 면허 1
전문적인 소통 기술의 습득

사모가 전문적인 소통 기술을
배워야 하는 이유

큰딸아이가 초등학교 5,6학년이 되니, 딸아이와의 소통이 점점 더 어려워지고 있었다. 내가 딸에게 말을 하면 할수록 아이와 가까워지고 행복해지는 것이 아니라, 아이를 망가뜨리고 있다는 느낌을 지울 수가 없었다. 아이도 기질이 강하다보니 쉽사리 해결될 기미가 보이지 않았다. 하나님의 자녀를 키우는 크리스천 부모이기에, 내 안에 자괴감과 절망감은 더욱 클 수밖에 없었다.

면허 없는 부모의 말

어쩔 줄 몰라 기도할 때, 주님께서 전문적인 의사소통 기술인 P. E. T. (Parents Effectiveness Training)라는 훈련 프로그램이 있음을 알려주셨고 배울 기회를 주셨다. 이후 복음 다음으로 나의 인생을 변화시킨 것도 P.E.T.였고, 20여 년간 강사생활을 하면서 복음 다음으로 많은 부모와 교사들을 변화시킨 것 역시 P.E.T.였다.

P.E.T.를 한 주 배우고 올 때마다 나의 말이 바뀌었고, 내 말이 바뀌니 자녀의 태도 또한 바뀌기 시작했다. 한 주 한 주가 기적같이 느껴졌다. 무엇보다 그동안 좋은 말인 줄로만 알았던 말들이 도리어 자녀의 마음을 아프게 하고, 무너지게 했다는 것을 알게 되었을 때는 나의 마음도 아프고 무너지는 것 같았다.

점차 딸과 어떻게 대화해야 할지 알게 되었고, 서서히 관계가 좋아지기 시작했다. 물론 시간은 걸렸지만 딸은 나와 함께 있을 때 행복해 보였고, 딸과의 좋은 관계 위에서 나는 '다시' 그 아이와 하나님의 말씀을 이야기할 수 있게 되었다. 내 무릎 위에 앉아 있는 어린 딸에게 성경을 읽어주고 품에 꼭 안고 기도하던 그때처럼, 행복하고 좋은 관계 속에서 하나님과 말씀에 대해 이야기하는 일이 가능해졌다.

많은 교회의 중직자들이, 심지어 목회자의 가정에서도 자녀들과 함께 하나님이나 하나님의 말씀을 이야기 나누기가 어렵다고들 한다. 그 이유가 많겠지만 가장 큰 이유는 자녀들의 마음을 상하게 하고 노엽게 하는 '면허 없는 부모의 말'이 자녀들에게 차곡차곡 쌓였기 때문이다. 전문적인 의사소통은 자녀의 노여운 마음을 풀어주고, 관계를 회복시키고, 결국 복음의 다리 역할을 하게 된다.

그뿐이 아니다. 우리나라의 많은 청소년이 학업에 집중해야 할 때 정체도 모를 분노와 싸우느라 도무지 공부에 집중하지 못하는 일이 비일비재한데, 부모의 의사소통이 변화되면서 자녀의 마음도 편안하고 행복하게 변화되어 자신의 미래를 꿈꾸고 생각할 힘이 생기는 것을 목도하곤 한다. 결국 전문적인 의사소통은 부모자녀 간의 효율적인 대화와 소통을 통해 관계를 회복시킬 뿐 아니라, 자녀로 하여금 강요된 길이 아닌 가슴 뛰는 자신의 인생길을 걸어갈 수 있는 마음의 힘을 제공한다.

전문적인 소통 기술의 습득은 부모인 나에게 절실한 도움을 제공했을 뿐 아니라, 상담사와 코치 그리고 사모로서도 현장에서 구체적으로 어떻게 말해야 할지를 알게 해주었다. 그저 좋은 말을 하려고 노력할 때보다 매우 명확하게 지금, 여기에서, 이 사람과 어떻게 말해야 하는지를 알 수 있었고, 그것은 사역에 전문성을 더해주었다.

마음이 힘든 내담자나 성도들에게 뭐라고 말해야 하는지를 알게 되니, 관계의 어려움이 현저하게 줄어들었고, 관계의 질이 높아지게 되었다. 말 한마디에 철천지원수가 되기도 하고, 말 한마디에 천 냥 빚을 갚기도 한다는데, 말 한마디에 천 냥 빚을 갚는 법을 알게 되었다고나 할까.

P. E. T.의 창시자인 미국의 심리학자 토머스 고든(Thomas Gordon) 박사는 시카고대학에서 정서적, 지적 문제를 가진 아이들을 치료하다가 임상경험을 통해, 아이들의 정서적인 문제는 정신의학적으로 다룰 문제가 아님을 알게 되었다. 부모들은 자녀의 정서적인 문제를 발견했을 때 아이에게 문제가 있는 것으로 판단하여 곧바로 소아청소년 정신의학과로, 각종 치료센터로 직행하는 경우가 많지만, 고든 박사는 아이들의 정서적인 문제는 '부모자녀 간의 관계'에서 기인한 것으로 보아야 하고, 부모자녀 간의 관계를 개선할 방법을 자녀가 아닌 부모들에게 교육해야 한다고 생각했다.

아이들이 고든 박사에게 치료를 받고 가정으로 돌아갔으나 다시 상태가 나빠져서 돌아오는 일이 많았는데, 그 일들이 반복되는 원인을 연구하던 고든 박사는 자녀의 리더인 부모에게는 힘과 영향력이 있고, 부모들이 그 힘과 영향력을 자녀들에게 잘못 사용하기 때문이라는 결론을 얻게 되었다. 그러기에 그 상황을 다시 반전시킬 사람도 '자녀의 리더인 부모'라고 생각하게 된 것이다.

자녀의 리더인 부모의 힘과 영향력이 실리게 되는 '부모의 말'을 훈련해야 한다고 생각하고 만든 것이 바로 P. E. T.(Parents Effectiveness Training)였다. P. E. T.는 뉴욕타임즈에서 거국적 운동이 되었다고 표현할 만큼 전 미국과 세계 각국의 부모들에게 크나큰 영향력을 끼치게 되었다. 고든 박사는 부모와 마찬가지로 아이들에게 큰 영향력을 가지고 있는 교사와 교육에 종사하는 사람들에게 T. E. T. (Teacher Effectiveness Training)를 훈련시켰다. 병원의 의사들에게는 D. E. T. (Doctor Effectiveness Training)를 보급시키고, 모든 공동체의 리더들에게는 L. E. T. (Leader Effectiveness Training)를 훈련시켜서 상대방과 좋은 관계를 맺게 하고, 상호존중감과 상호성장감 그리고 문제해결에 탁월함을 보여주고 있다.

여기에서 P.E.T., T.E.T., D.E.T., L.E.T.라는 의사소통 기술은 각각 그것을 사용하는 리더와 상대방만 바뀔 뿐, 그 내용과 방법은 동일하다. 실제로 내가 학교 선생님들께 부모자녀 간의 의사소통 기술인 P.E.T.를 훈련했을 때, 부모로서는 물론이고 교사로서도 학생들과의 소통이 매우 잘 이루어지는 것을 여러 번 확인하였다.

그러므로 가정의 리더이자 교회의 리더인 사모들도 반드시 배우고 익혀야 할 것이 바로 P.E.T.이다. P.E.T.를 배워서 가정에서는 가족과 행복한 대화를 이어가고, 교회에서는 성도들과 효율적이고 전문적인 소통을 이어간다면 가정과 교회는 더 건강해지고 성령 충만해지리라 확신한다. P.E.T.는 사모가 따야 할 첫 번째 사모 면허임에 틀림이 없다.

치유와 관계를 위한 P.E.T.

나는 많은 사모님들이 P.E.T. 강사과정을 마쳐서 P.E.T. 강사도 되고, 소통과 관계에 더욱 훈련되기를 바란다. 그리하여 사모 자신의 가정과 자녀를 살리고, 성도들과 건강한 관계를 맺으며, 지역사회의 부모들에게 P.E.T.를 강의해줌으로써 믿지 않는 가정을 살리고 전도할 귀한 도구로 사용하기를 소망한다.

내가 P.E.T. 강사로서 처음 교회 안에 P.E.T. 강의를 개설할 때, 20명 제한인 수강생을 모집하면서 자신의 전도 대상자를 데려와 함께 수강하는 부모들을 우선적으로 접수하겠다고 광고하였다. 결과적으로 우리 성도 10명, 전도 대상자인 지역사회의 부모 10명이 함께 수강하곤 했다. 지역사회 부모들과 그들의 가정이 건강하게 변화되다보니, 교회에 등록하는 수강생들이 많아 나 자신도 매우 놀라곤 했다. P.E.T.는 전도하기 너무나 어려운 이 세대 가운데 정말 귀한 전도의 방편이면서, 이 세대와 가정을 건강하게 회복시키는 좋은 방법임을 확신한다.

참고로 P.E.T.는 한국심리상담연구소 홈페이지에 개설된 강좌를 확인하여, 연구소로 직접 전화하면 수강 신청을 할 수 있다. ZOOM으로 강의하는 '박인경 코치의 부모학교' 2학기와 앞으로 개설될 '박인경 사모의 사모학교' 2학기 과정에서도 P.E.T. 훈련을 받을 수 있다.

사모에게 있어서 중요한 두 가지를 꼽으라면 '치유'와 '관계'이

다. '사모의 치유'는 사모 사역의 중요한 준비이고, '사모의 관계'
는 사모의 사역 그 자체라고 표현하고 싶다. 아울러 관계는 전
문적인 소통 기술의 습득으로 완성된다. 그러므로 사모가 전문
적인 소통 기술을 습득할 때 가정은 물론, 목회 현장에서의 모든
사역에 매우 실제적인 도움이 될 것이라 믿어 의심치 않는다.

말하기 전에
누구의 마음이 힘들지부터 생각하라

가정에서 배우자나 자녀와 이야기할 때, 상대방의 마음을 살펴서 그에 맞는 대화를 할 수 있는 훈련이 된 사람은 흔치 않다. 도리어 가족과 편하게 대화하다가 의도치 않게 상처를 주고받게 되는 일을 경험하곤 한다. 대조적으로 사회적인 관계에서는 말하기 전에 상대방의 기분을 살핀다. 하지만 정작 상대방의 기분이 좋지 않아 보일 때 내가 어떤 말을 해야 할지는 잘 모를 때가 많다.

가정에서든 교회에서든 상대방과 조금이라도 관계의 어려움이 있을 때는 일반적인 대화가 아니라 전문적인 의사소통 기술로 그 관계를 풀어나갈 수 있다. 좋지 않은 관계를 풀어보려고 했던 말로 인해 오히려 관계가 더 꼬이고 마는 경우를 얼마든지 볼 수 있기 때문이다.

나와 너, 누가 힘든가?

현실요법(Reality Therapy)의 창시자 윌리엄 글래서(W. Glasser) 박사는 "인간의 불행의 3/4은 관계에서 온다"라고 말한다. 특별히 목회자와 사모에게는 더욱 그렇다. 행여 성도들과의 관계에 어려움이라도 생기면, 목회자와 사모는 극심한 마음의 고통을 겪게 된다. 그러다보니 적지 않은 사모들이 성도들과의 관계나 소통을 가급적 피하기도 한다.

사모와 성도의 관계가 힘들게 얽히고 나면 서로의 마음에 깊은 고통이 남고, 심지어 교회에도 어려움을 남길 수가 있다. 하지만 사모와 성도 간의 좋은 관계는 서로에게 성령의 충만을 안겨준다. 그러므로 사모들도 절박한 마음으로 소통의 기술을 배우고, 적극적으로 훈련받아 성도들과 좋은 관계를 맺으며 안전하고도 효율적인 소통을 하게 되기 바란다. 전문적인 소통 기술로 무장한 사모가 있는 그곳에 샬롬이 있고, 복음의 다리가 탄탄하게 구축되는 역사가 있을 것이다.

1960년대 초부터 미국 전역에 P. E. T. (Parents Effectiveness Training)라는 의사소통 기술로 거국적 운동을 일으켰던 토머스 고든 박사는 말을 시작하기 전에 반드시 해야 할 것이 있다고 안내한다. 바로 '문제 소유 가리기'라는 개념인데, "나와 상대방 중에서 누구의 마음이 힘든지를 가려서 이야기하라"는 것이다. 이 단계를 거치지 않고 말을 하기 때문에 가정은 물론이고, 소통

하는 모든 장면에서 어려움이 발생하게 된다는 것이다.

누군가 "문제 소유 했다"라는 말은 그 사람의 마음이 불편하고 힘든 상태를 말한다. 따라서 '문제 소유 가리기'란 대화를 하는 나와 상대방 중에서 누구의 마음이 힘든지를 가려보는 것을 말한다. '문제 소유 가리기' 개념은 매우 중요하며 토머스 고든에게 지적 소유권이 있는 탁월한 개념이다.

쟁점은 문제 소유 가리기

대화에서 문제 소유 가리기라는 단계가 왜 그렇게 중요할까? 그것은 누구의 마음이 힘드냐에 따라 소통하는 나의 역할이 정해지기 때문이다.

아래와 같이 상대방의 마음이 힘들 때 나의 역할은 '들을 차례'이고, 나의 마음이 힘들 때 나의 역할은 '말할 차례'이며, 상대방도 나도 마음이 힘들지 않은 문제 없는 영역에서는 좋은 관계를 넓히기 위한 노력, 이를테면 일대일 데이트나 즐거운 대화 저축 등을 하는 것이 바람직하다.

가정의 사례를 들어 문제 소유 가리기를 설명해보자면 다음과 같다. 초등학생 아들이 친구와 다투다가 친구가 자신을 밀쳤다며 기분 나쁜 얼굴로 귀가했다고 치자. 말하기 전에 일단 문제 소유 가리기부터 해야 하니, '누구의 마음이 힘든가?'를 먼

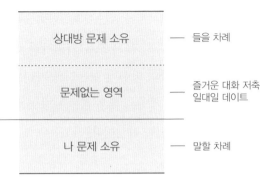

그림 5 문제 소유 가리기와 나의 역할

저 생각해보자. 분명 아들이 마음이 몹시 상한 채로 집에 들어왔으니, 아들이 문제 소유한 상태이다. 그러니 부모인 나는 분명 들을 차례이다.

그러나 실제로 자녀(또는 배우자)가 문제 소유를 하고 들어왔을 때, 우리는 대부분 문제 소유 가리기를 하지 않은 채로 많은 말을 내뱉게 된다. "내가 그 아이랑 놀지 말라고 하지 않았냐", "다른 아이들한테 만만하게 보이니까 당하는 거다", "그러니까 태권도라도 배우라고 할 때 왜 안 배웠냐" 등등 마치 내가 말할 차례인 양, 상대방을 지적하거나 비난하는 말을 하게 된다.

그러나 이 사례에서 문제 소유 가리기부터 해보면, 분명 나는 들을 차례이다. 자녀가 불편하고 힘든 마음으로 내게 와서 들어주는 상담자적 자세를 기대할 때 도리어 부모로부터 날 선 비난과 지적을 받은 셈이다. 문제 소유 가리기 없이, 평소에 우리가 하는 말이 얼마나 잘못된 것인지를 알 수가 있다.

많은 말하기 vs 말 들어주기

왜 우리는 상대방의 마음이 힘들 때 들어주지 못하고, 도리어 많은 말을 하게 되는 것일까? 이러한 현상은 주로 가족과 같이 가까운 관계에서 나타난다. 상대방의 마음이 힘들 때마다, 도리어 내가 더 '문제 소유'를 하기 때문이다.

실제로 우리나라 사람들은 특히 가정 안에서 배우자나 자녀가 문제 소유를 해서 힘든 상태일 때, 나도 동시에 '문제 소유'를 하고 '같이 힘들어하는' 것을 자주 보게 된다. 그런 부모 밑에서 자라다보니 나 역시 부모가 되었을 때 자녀나 배우자의 마음이 힘든 상황을 보면, 내 마음이 더 힘들어지면서 숱한 조언과 잔소리를 쏟아내게 된다. 이때의 조언과 잔소리를 '의사소통의 걸림돌'이라고 부르는데, 상대방이 문제 소유 했을 때 절대 해서는 안 되는 말이다.

가정에서 상대방인 자녀나 배우자가 문제 소유를 했을 때, 나도 동시에 문제 소유를 하지 않도록 각별히 노력해야 한다. 상대방의 마음이 힘든 상태이니, 나는 들어줌으로써 그를 도우려는 자세를 견지해야 한다.

사모는 들을 차례

사모로서 성도들과 하는 의사소통은, 어머니나 아내로서의 의사소통과 다른 점이 있다. 무엇일까? 말하기 전에 문제 소유 가리기부터 해야 하는 것은 동일하다. 하지만 성도 개개인의 문제 소유 상태를 정확히 알 수가 없다는 것이 다른 점이다.

내 앞에 있는 성도가 문제 소유를 했는지 안 했는지, 즉 마음이 힘든지 아닌지 그 상태를 정확히 알 수는 없다. 그럼에도 불구하고 사모는 성도들과의 관계에서 문제 소유 가리기를 할 때, 성도는 문제 소유한 상황, 즉 마음이 힘든 상태로 보는 것이 안전하고 효율적이다.

만약 힘든 일이 있는 성도가 사모에게 찾아와 이야기를 시작했다면, 그 성도는 문제 소유를 크게 했을 테니 사모는 명확히 들을 차례이다.

그러나 일상에서 만나게 되는 성도들도 크나큰 문제 소유 상황은 아니지만, 소소한 문제 소유, 예를 들면 '오늘도 많이 피곤하고 바빴을 거야' 정도의 힘든 상태라고 보면 좋을 것이다. 모든 성도는 목회자나 사모 앞에서 말하고 싶은 마음이 든다고 보는 것이 적합하다.

즉 성도들과의 관계에서 사모는 '들을 차례'라고 생각할 때, 성도들과 안전하고도 효율적인 관계를 맺을 수 있다.

들을 차례

상대방의 마음이 힘든 상태, 즉 상대방이 문제 소유를 했다면, 나는 가정에서든 교회에서든 들을 차례이다. '경청의 위력'은 실로 대단하다.

육체적인 힘이나 경제적인 능력이 미약한 나는 남을 도와주는 일에 한계가 많다. 그럼에도 불구하고 언제부터인가 내 주위에는 내가 도움이 된다며 많은 사람이 모여서 서성인다. 때로는 기쁘고 영광이며, 때로는 힘에 부치고, 때로는 부끄럽다. 도대체 가진 것 없는 내가 무엇으로 그들을 도왔는지 생각해보지 않을 수 없었다. 그때 들었던 생각이 '나는 오직 들어준 것밖에 없는데…'였다. 물론 듣고 나서 그를 위해 기도하고, 내가 도울 수 없는 부분을 주님께 아뢴다.

가진 것 없는 내가 그들의 마음을 들어주고, 그 마음을 내 마음에 담아 보관하고, 내 마음에 담긴 그들의 고통과 아픔을 다시 하나님 앞에 들고 가서 아뢸 때 그들은 덜 외롭고, 덜 자학적이고, 자기의 편이 있다고 느낀다. 그런 나를 통해, 진정한 자기편이 내가 아닌 주님임을 깨닫는 데도 그리 오랜 시간이 걸리지 않는다.

그리고 나면 자신의 문제를 스스로 해결할 마음의 힘도 서서히 생겨난다. 상대방에게 집중하여 그의 이야기를 듣는 것이 상대방을 돕는 가장 훌륭한 방법이며 그 영향력은 실로 크다.

소극적 경청과 적극적 경청

심리학자인 토머스 고든 박사는 청소년들을 상담하며 경청의 위력을 확인했으며 그렇기 때문에 P.E.T.에서 상대방의 마음이 힘들 때 나의 역할은 들어주기, 즉 경청이라고 주장한다. 현대인의 마음은 여러 가지 이유로 늘 힘들고 불안하고 불편하다. 그러므로 모든 리더들이 갖추어야 할 소통의 자질 중에 첫 번째는 경청의 능력이다. 그러나 실제적으로 리더가 된 사람들은 대부분 해줄 말이 너무 많아, 상대방의 이야기를 듣지 못할 때가 많다. 사모들도 반드시 이 점을 유념해야 한다.

경청은 소극적 경청과 적극적 경청으로 나눌 수 있다. '소극적 경청'은 침묵하기, 주의 집중하기, 맞장구치기, 열린 질문 등이다. 일단 상대방이 말할 수 있도록 침묵하고, 내 몸의 방향이 상대방을 바라보며 시선을 맞추어 집중하고, 상대방이 말할 때마다 '아!', '저런!', '정말?', '어머나!' 등의 감탄사로 맞장구쳐주고, 분명히 상대방이 힘들어 보이는데, 아무 말을 하지 않을 때는 열린 질문으로("무슨 일이 있었던 것 같은데 말해줄 수 있어요?") 말문을 열어주는 것이 소극적 경청이다. 소극적 경청은 기본적 경청이라고 지칭하는 것이 더 적합할 만큼, 경청의 중요한 기본자세다.

소극적 경청이 매우 훌륭한 경청의 기본자세임에도 불구하고, 소극적 경청만 계속한다면 문제 소유한 상대방은 마음이 시원할 만큼 잘 들어준다는 느낌을 받기가 어렵다. 그래서 소극적 경청이 가진 한계를 넘어서는 적극적 경청이 필요하다.

'적극적 경청'은 '반영적 경청'이라고도 부르는데, 상대방의 힘든 마음을 내가 추측해서 상대방에게 전달하는 경청 방법이다. 다시 말해 '상대방의 마음을 알아주는 말'로 경청하는 방법이다. 원래 경청은 귀로 하는 것이지만, 적극적 경청은 '당신, 정말 억울했겠어요' 등의 마음을 알아주는 말을 전달함으로써 확실하고 적극적으로 경청하는 방법이다. 내 생각을 말하는 것과는 전혀 다른 것이다.

반영적 경청의 상담 효과

앞서 다루었던 사례, 아들이 친구와 다투다가 친구가 자신을 밀쳐 기분이 나쁜 상황을 다시 한번 생각해보자. 문제 소유 가리기부터 해보면, 분명 아들이 문제 소유를 했을 것이다. 그러므로 엄마인 나는 들을 차례이다. 소극적 경청의 자세부터 확립하는 것이 중요하다. 일단은 내가 먼저 말하지 말고 침묵해보자. 아들이 울먹이며 말하는 동안, 시선을 맞추며 집중하고, 추임새(맞장구치기)를 넣어주며 경청한다. 그러다가 상대방인 자녀가 어느 정도 말을 했다 싶을 때 적극적 경청을 해준다.

엄마 : 우리 아들, 오늘 정말 속상했겠다. (반영적 경청)

아들 : 네, 정말 속상했어요. 걔가 나를 밀칠 때 다른 친구들도 옆에 있었거든요.

엄마 : 저런! 다른 친구들도 있었으니, 창피한 마음도 들어서 더 힘들었겠네. (반영적 경청)

아들 : 정말 어디 숨고 싶을 만큼 부끄러웠어요.

엄마 : 그랬구나. 어디 숨고 싶을 만큼 부끄러운 마음이었구나. (하고 등을 토닥인다) (반영적 경청)

이와 같이 적극적 경청은 한 번만 해주는 것이 아니라 문제 소유한 자녀(또는 배우자)의 마음을 따라가며 여러 번 반영적 경청을 해줄수록 놀라운 상담 효과를 볼 수 있다. 자녀의 감정이 점점 더 평안해지면서, 이성의 공간에 이성이 회복되어 좋은 해결책을 스스로 생각할 수 있게 된다.

예를 들면, 이 사례에서 엄마의 반영적 경청을 듣고 감정이 가라앉은 아들이 "엄마, 저도 친한 친구라고 함부로 놀리지 않아야겠어요. 사실은 오늘 쉬는 시간에 축구 하면서 내가 걔한테 패스를 잘못한다고 여러 번 놀렸거든요. 아무개도 부끄럽고 속상했을 것 같아요"라고 자신을 돌아보는 모습을 볼 수 있었다. 그러면 그때쯤 "그렇구나. 우리 아들이 먼저 친구를 놀렸던 게 생각났구나. 그래서 친구에게 어떻게 하고 싶은지 말해줄 수 있니?" 하고 부모가 반영적 경청과 열린 질문으로 마무리한다면, 아들 스스로 해결책을 생각하도록 돕는 매우 훌륭한 대화가 될 것이다.

적극적 경청의 말과 공감

우리는 지금까지 자녀의 마음이 힘들 때마다 자녀의 마음을 읽어주는 것이 아니라 부모가 하고 싶은 말을 하면서 비난하고 정죄하다가, 그러니까 이렇게 이렇게 하라고 부모가 직접 해결책을 제시하며 이야기를 끝내기 일쑤였다. 아무리 내가 낳은 자녀이고, 살을 맞대고 사는 배우자이지만 그렇게 내 기분 내키는 대로 말을 한다면 절대로 좋은 관계를 이어갈 수 없을 것이다.

문제 소유 가리기를 하고 보니 내가 아닌 상대방이 문제 소유했다면, 기본적 경청의 자세와 함께 적극적 경청의 말을 전해주어야겠다. 문제 소유 가리기도 하지 않은 채 쏟아놓았던 이전의 말과는 정반대의 말, 상대방의 마음을 알아주는 말을 하고 있는 자신을 발견하게 될 것이다.

사모로서 성도들의 힘든 이야기를 들을 때도 마찬가지다. "힘든 일이 너무 오래 지속되어 이제는 정말 지쳤다"라고 울먹이는 성도가 있다고 가정해보자. 내가 아닌 상대방의 마음이 힘든 상태이니, 그 말을 듣는 사모는 분명 들을 차례이다. 아래의 두 문장 중에 과연 어떤 것이 적극적 경청일까?

"그 긴 세월도 견디셨는데, 마음 약해지지 말고 힘내세요."

"그 일이 오죽 오래됐어야죠. 정말 지치셨을 거예요. " (반영적 경청)

"그 일이 오죽 오래됐어야죠. 정말 지치셨을 거예요"라고 말하면 상대방의 지친 마음을 내 마음에 담아서 공감하며, 상대방의 고통에 함께 머물러주는 느낌을 전달할 수 있다. 상대방의 마음을 알아주는 적극적 경청이 되는 순간이다. 그러나 우리는 별생각 없이 "그 긴 세월도 견디셨는데, 마음 약해지지 말고 힘내세요. 잘하고 계시잖아요"라고 말할 때가 많다. 충고요, 제안이고, 섣부른 위로요, 훈계처럼 들릴 수가 있다. 마음을 알아주는 적극적 경청과는 비슷한 듯해도 매우 다르다.

사모님, 답을
말해달라는 게 아니에요

대부분의 사람은 상대방이 어려움을 토로할 때 도와주고 싶고, 답을 알려주고 싶다. 그래서 상대방의 말이 채 끝나기도 전에 빛의 속도로 답을 말해줄 때도 있다. 물론 누구나 좋은 의도로 조언하고, 충고하고, 해결책을 말해준다. 그러다보니 가정에서는 문제 소유 가리기도 하지 않은 채 자녀나 배우자에게 즉답을 말하는 일이 다반사이다.

의사소통의 걸림돌

부모학교 수강생인 어느 어머니의 사례이다. 고등학생인 아들이 저녁에 기타를 배우러 다니는데, 조금 늦은 상황이었다. 엄마에게 "엄마, 나 좀 늦었는데 버스를 타고 갈까, 아니면 택시를 타고 갈까?" 하고 묻길래 "아이고, 우리 아들, 늦어서 마음이 바쁘겠구나" 하고 적극적 경청을 해주었다고 한다. 부모의사소통학교에서 배운 대로 먼저 아들의 마음을 알아주고 난 뒤 "너는 어떤 걸 타고 가고 싶니?"라고 열린 질문을 하려는 순간, 아들이 "제발 그런 이상한 말 하지 말고, 옛날처럼 그냥 '버스 타고 가!', '택시 타고 가!'라고 말해"라고 고함을 쳤다는 것이다. 그 어머니는 그날 큰 충격을 받았다고 했다. 그동안 아들의 모든 일에 이래라저래라 하는 지시적 언어, 통제언어만 사용했던 자신의 모습을 아들의 답변에서 그대로 보게 되었다고 했다.

답은 주지만 마음은 알아주지 않는 부모. 그런 부모 밑에서 자란 자녀들은 자신의 마음을 잘 모른다. 그러다보니 자신의 마음이 힘들 때도, 자기의 마음을 알아주고 들어주고 다독일 줄을 모른다. 행복하고 만족스러운 삶이 되기가 어려울 것은 불을 보듯 뻔하다.

자녀가 문제 소유 했을 때 부모는 좋은 의도에서 충고, 제안, 질문 등을 하게 된다. 그러나 자녀가 자신의 문제 소유 때문에 힘들어할 때, 부모는 말할 차례가 아니라 들을 차례이다. 부모가 들어주지 않고 자신의 생각을 계속 말하게 되면 그 말은 '의사소통의 걸림돌'이 된다. 14가지 의사소통의 걸림돌을 소개하면 다음과 같다.

부모자녀 간의 사례로 설명하지만, 부부간 또는 성도와의 관계에서도 상대방이 문제 소유 했을 때 아래와 같이 말한다면 의사소통의 걸림돌이 된다는 것을 참고하기 바란다.

"엄마, 나 좀 늦었는데 버스를 타고 갈까, 아니면 택시를 타고 갈까?"

① 명령, 강요

"늦었잖아. 그냥 택시 타고 가!"

② 경고, 위협

"내일 또 한 번만 늦으면 그땐 혼난다."

③ 훈계, 설교

"제발 빨리빨리 움직이면 좀 좋아. 사람은 뭘 하든지 부지런히 움직여야 해."

④ 충고, 해결 방법 제시

"버스 정류장에 가서 보고 버스가 5분 내에 안 오면, 택시 타고 가."

⑤ 논리적인 설득, 논쟁

"제시간에 가서 배워야, 제대로 배울 거 아니야. 늦게 가면 못 배운 부분이 있을 텐데 어떻게 진도를 따라가겠니."

⑥ 비판, 비난

"그까짓 기타 배우러 가는 것도 맨날 늦어서 뭐는 제대로 하겠니?"

⑦ 칭찬, 찬성

"매번 늦어도 간다니까 안 간다는 것보다는 낫구나."

⑧ 욕설, 조롱

"어차피 지각 대장인데 아무거나 타고 가."

⑨ 분석, 진단

"너, 맨날 늦는 거 보면 기타가 배우기 싫은 거야."

⑩ 동정, 위로

"어차피 늦은 걸 어떡하겠니. 아무거나 타."

⑪ 캐묻기, 심문

"넌 왜 맨날 늦는 거니? 기타 배우기가 싫은 거야? 아니면 버스 타기가 싫은 거니?"

⑫ 화제 바꾸기, 빈정거림, 후퇴

"기왕 늦은 거, 싼 버스 타고 가면 되겠네! 너 요즘 기타는 어디까지 배웠니?"

⑬ 비교

"옆집 아들은 시간 맞춰 잘도 가더구만."

⑭ 거부

"아, 몰라."

들을 차례, 말할 차례

사모가 마음이 힘든 성도에게 이와 같은 '의사소통의 걸림돌'
을 사용할 확률은 매우 낮아 보인다. 그러나 다음의 사례를 통
해서, 사모도 성도들에게 의식하지 못한 사이에 의사소통의 걸
림돌을 사용하고 있다는 것을 알 수 있다.

앞서 간단히 소개했던 것처럼 아름답고 인상이 따뜻해 보이
는 어느 사모님께서 들려주신 이야기다. 젊은 여자 성도가 자신
의 어려움을 말씀드리고 싶다고 해서 들어준 적이 있다고 했다.
듣다보니 좋은 말씀이 생각나길래, 성경 말씀과 함께 문제 해결
의 실마리가 될 만한 이야기를 해주었다고 한다. 그러자 그 성
도의 표정이 굳어지면서 잠시 후 돌아갔다. 나중에 그 성도를
만나 안부를 물으니, "사모님, 저는 그때 답을 말해달라는 게

아니었어요. 사모님의 모습이 너무 따뜻해 보여서 힘든 제 마음을 알아주실 줄 알았어요"라고 말해서 적잖이 당황하셨다고 한다. 그런 상황에서 답을 말해주는 것 말고 무엇을 말해주어야 하는지, 어떻게 말해야 하는지를 몰라 한동안 성도들과 말하는 것이 어려웠다고 했다.

성도들은 목회자나 사모에게 즐거웠던 이야기보다는 자신의 힘들었던 이야기를 할 때가 많다. 그들은 이야기할 때 이미 문제 소유를 하고 있고, 대부분 답도 알고 있다. 답을 몰라서 이야기한다기보다, 힘든 자신의 마음을 누군가 들어주고 알아주고 그 마음을 목회자나 사모의 마음에 담았다가 하나님 앞에 올려주기를 바라는 것이다. 설령 성도가 답을 모르고 있더라도 사모가 힘든 성도의 마음을 알아주다보면, 신기하게도 답을 깨닫게 될 때가 많다. 성도들이 힘든 이야기를 할 때, 사모는 들을 차례이다.

상대방의 마음이 힘든 상태라서 기본적 경청과 적극적 경청을 해야 하는 상황에서, '말할 차례'인 양 내가 말하는 것은 의사소통의 걸림돌이 된다. 다시 말해서 들을 차례에 말하는 것은, 상대방의 힘든 상태에 도움이 되지 못하면서 의사소통에 장애가 될 뿐이라는 것이다.

우리는 상대방을 돕고 싶어서 무언가를 말해주고 싶어 한다. 좋은 의도이다. 그러나 상대방은 자신의 힘든 마음을 알아주기를 바라는 마음이 간절하기 때문에, 실망이 클 수밖에 없다. 나의 좋은 의도와는 반대로, 의사소통의 걸림돌이 되는 것이다.

만약 성도가 사모에게 자신의 문제에 '답'을 말해주기를 원한다 해도, 바로 답을 말해주는 것은 조심해야 한다. 성도의 삶은 성도가 기도하고 결정해서 책임감을 가지고 살아내야 하기 때문에, 성도를 도와 함께 기도하는 것이 매우 중요하다. 성도의 어려운 마음을 알아주고, 함께 기도하겠다고 말해주고, 기도하면서 목회자인 남편과도 상의하여 지혜롭게 전달해야 할 것이다.

말할 차례

나와 상대방 중에서 내가 문제 소유 했을 때, 나는 말할 차례이다. 토머스 고든 박사는 내가 문제 소유 했을 때는 '나 전달법'으로 말하는 것이 가장 효율적이라고 안내한다.

나 전달법

나 전달법은 다음 세 가지 요소를 갖추어서 전달할 때 가장 효과적이다.

① 상대방의 어떠한 행동이
② 나에게 이런 영향을 끼쳐서
③ 나의 감정이나 상태가 이렇다

나 전달법의 3요소를 좀 더 자세히 설명하면 다음과 같다.

① 내가 문제 소유 하게 된 상대방의 행동을 '구체적으로 서술하되, 비난 없이!'
② 상대방의 행동으로 인해 '내가 받는 고통이나 손실 등 구체적인 영향'
③ 그래서 나의 감정이나 상태

예문을 통해 나 전달법을 설명하면 다음과 같다.

① 네가 옆방에서 음악을 듣고 있으니
② 엄마는 쉬고 싶은데 쉴 수가 없어서
③ 피곤하다.

"네가 옆방에서 음악을 듣고 있으니 / 엄마는 쉬고 싶은데 쉴 수가 없어서 / 피곤하다."

나 전달을 할 때 유의할 점이 있다. 만약 '네가 맨날 음악만 듣고 있으니까'라는 식으로 빈도 부사를 넣어 서술하면 상대방은 비난을 느끼게 되고, 효과적인 나 전달이 되지 않는다. 비난을 느끼지 않게 상대방의 행동을 서술하려면 빈도 부사 등을 사용하지 않고, '사진기로 찍듯이' 상대방의 행동을 있는 그대로, 평가하는 것이 아니라 서술하도록 노력해야 한다. "네가 맨날 음악만 듣고 있으니까", "네가 빈둥거리며 음악을 듣고 있으니까"라는 식의 말은 비난과 평가가 느껴져서, 효과적인 나 전달이 되기 어렵다.

배우자가 늦게 들어와서 나 혼자 자녀를 돌보느라 힘들었을 때도 다음과 같이 나 전달할 수 있다.

① 당신이 10시가 넘어 귀가하니까
② 내가 종일 혼자 아이를 돌보느라 식사를 준비할 새도 없고, 밥을 먹을 수도 없어서
③ 지치고 힘들다.

"당신이 10시가 넘어 귀가하니까 / 내가 종일 혼자 아이를 돌보느라 식사를 준비할 새도 없고, 밥을 먹을 수도 없어서 / 지치고 힘들었어요."

이와 같이 내가 문제 소유를 했을 때 나 전달로 나의 힘든 상태를 알리는 것은, 상대방이나 상대방의 행동을 비난하지 않고 '나의 상태'를 알릴 수 있기 때문에 쓸데없는 관계의 충돌이 일어나지 않는 매우 효과적인 방법이다.

그러나 대부분의 사람은 말할 차례에 '나 전달'이 아닌 '너 전달'로 말하게 된다. 첫 번째 사례를 예로 들면, "너는 왜 맨날 음악만 듣냐, 네가 베짱이냐, 너는 엄마 쉬는 거 보이지도 않냐, 야, 꺼!" 등의 '너 전달'로 말하는 것이 습관이 되어 있다는 말이다. 두 번째 사례에서라면, "지금이 몇 시인데 이제 들어오냐, 당신이 애 아빠 맞아? 내가 굶어 죽어도 당신은 모를 거야" 등의 너 전달이 우리에게 매우 익숙하다.

하지만 너 전달은 나의 상태에 대해서는 미약하게 전달하면서, 상대방에 대한 비난은 강하게 전달된다. 그러므로 가정에서 부모가 자녀들과, 또는 부부 사이에서 내가 문제 소유한 상황이라면, 입에 배어 있는 '너 전달'이 아닌 '나 전달'을 하는 것만으로도 서로 간에 많은 회복이 일어난다.

물론 '나 전달'을 들은 상대방이 자신의 행동을 변화시켜줄 것인지는 그의 선택에 달려 있다. "네가 옆방에서 음악을 듣고 있으니 / 엄마는 쉬고 싶은데 쉴 수가 없어서 / 피곤하다"라고 나 전달을 했다고 해서, 반드시 음악을 꺼주거나 방문을 닫아주는 것은 아니라는 말이다.

그러므로 상대방의 마음이 힘들 때마다 적극적 경청을 많이 해주어서, 배우자나 자녀의 마음에 힘을 주고 좋은 관계를 형성해놓아야 한다. 그런 좋은 관계 속에서 '나 전달'을 하게 되면,

상대방도 자신의 행동을 변화시켜주기가 쉬워진다. 하지만 적극적 경청은 별로 해주지 않으면서, 내가 문제 소유할 때마다 상대방에게 '나 전달'을 많이 하는 것은 효과적이지 않다. 이때 상대방은 '내 마음은 알아주지도 않으면서 자기는 힘든 마음을 나한테 자꾸 이야기하네'라는 생각이 들기 때문에 나 전달을 들어도 행동을 바꿔줄 마음이 생기기가 어렵다. 그러므로 적극적 경청 7번 할 때, 나 전달 3번 정도의 비율로 소통한다면 매우 효과적인 변화가 일어날 것이다.

'나 전달'의 상대방을 직면시키는 힘

그런데 가족 간의 소통에서는 나 전달법이 효과적이지만, 사회적인 관계에서는 매우 조심해서 사용해야 한다. 특별히 목회자나 사모가 교회의 성도들에게 힘든 마음이 있다고 해서 나 전달법을 사용하는 것은 매우 위험천만한 일이 된다.

예를 들어 비교해보자. 매일 아침 잠에서 일어나기 힘들어하는 자녀가 있다고 하자. "야, 안 일어나?"라는 '너 전달'보다는, "아침 7시 반까지 네가 일어나지 않으면 / 너를 깨우느라 주방과 네 방 사이를 왔다 갔다 해야 하고, 그러면 엄마가 제대로 일을 할 수가 없어서 / 너무 힘들어"라고 '나 전달'을 하는 것이 훨씬 소통에 도움이 된다.

그러나 예배에 10분 정도 늦는 성도가 있다고 하자. 그런데 목회자가 그 성도에게 "예배 시간에 10분 정도 늦게 오시니 / 예배 중간에 들어오는 집사님의 모습에 신경이 쓰이고, 설교에 집중이 안 되어서 / 제가 힘이 듭니다"라고 '나 전달'을 할 수가 있겠는가!

'나 전달'은 '너 전달'에 비해서 비난이 훨씬 덜하다. 그럼에도 불구하고 나 전달이 가지는 상대방을 직면시키는 힘이 있다. 즉 "당신의 어떤 행동으로 인해, 내가 이러이러한 구체적인 영향을 받아서, 이런 느낌이 든다"라고 말하는 것이 아주 편안하고 따뜻한 이야기로 들리지는 않는다는 것이다.

목회자, 사모, 중직자, 셀 리더, 주일학교 교사 등 교회의 리더들은 교회 안에서 상대방의 행동으로 인해 마음이 힘들다고 해서 '나 전달'로 자신의 마음을 표현한다면 그것은 매우 위험하고 효율적인 소통이 되기 어렵다. 나 전달을 할 수는 있겠지만 그들의 영혼을 잃어버릴 수도 있다는 것을 기억해야겠다.

인내와 기도를 선택하라

그러므로 사모인 나의 마음이 성도의 어떤 행동으로 인해 문제 소유를 하게 되었을 때, 그 마음을 성도에게 '나 전달'로든, '너 전달'로든, 우회적으로든 표현하지 않는 것이 중요하다. 사모의 답답하고 힘든 마음은 하나님께 마음껏 아뢰면 된다. 물론 마음이 너무 힘들고 풀리지 않을 때는 남편에게 '나 전달'로 이야기하며 기도를 요청하는 것도 좋겠다. 이때 남편에게 성도에 대한 비난이 가득한 '너 전달'로 이야기한다면, 가장 먼저 사모 자신과 남편의 영혼이 깊은 시험에 빠져들며 피폐해질 것이며, 하나님의 영광도 가리게 되므로 '나 전달'로 자신의 상태를 전달하는 것이 바람직하다.

사모에게는 이 때가 하나님께 대한 사랑과 신뢰가 '교회와 성도 앞에 인내'로 표현되어야 하는 어려운 시기이다. 분명 어려운 시간이지만, 하나님께서 보고 계시므로 주님이 원하시는 방법인 인내와 기도를 선택한다면 사모는 자신을 돌아보며 한층 더 성숙해지고, 하나님께서 친히 해결하심을 경험하며, 영적으로 단단해지는 기회가 될 것이다.

말할 차례에서 사모가 감당하는 인내와 순종은 사모 자신과 남편의 목회와 교회에 큰 유익을 남긴다. 사모이기에 무조건 참아야 하는 것이 아니다. 그것은 사모에게 맡긴 한 영혼을 얻기 위한 인내와 순종이다.

감사의 '나 전달'을
적립하자

요즘 젊은 여성들이 자녀나 남편에게 "잘했어", "고마워"라고 말할 때 보면, 진정한 감사와 따듯함이 잘 느껴지지 않을 때가 있다. 무엇보다 칭찬은 칭찬하는 사람이 칭찬을 받는 사람보다 나이도 많아야 할 것 같고, 지위도 높아야 할 것 같고, 수직적인 느낌이 든다. 그리고 칭찬은 한 번 듣고 나면, 왠지 그다음에 또 그렇게 행동하지 않으면 안 될 것 같은 미세한 압박감도 느껴진다.

이럴 때 칭찬보다 훨씬 더 유익하고 효율적인 '긍정적 나 전달', '감사의 나 전달'을 소개하고자 한다. 칭찬 대신 감사를 전달해보자. 자녀에게도, 배우자에게도, 성도들에게도!

긍정적 나 전달

나도 상대방도 문제 소유한 상황이 아닐 때, 즉 문제없는 영역에서 대부분의 사람은 서로에게 특별한 신경을 쓰지 않고 그냥 지내게 된다. 그러나 문제없는 영역은 즐겁고 행복한 이야기나 경험을 주고받으며, 서로의 관계를 매우 돈독하게 만들 수 있는 소중한 영역이요 시간이다. 상대방의 마음이 힘들 때는 기회를 놓치지 말고 그 마음을 알아주는 반영적 경청을 해야 하고, 나의 마음이 힘들 때는 나의 힘든 상태를 '나 전달'로 상대방에게 알려줄 타이밍이다. 그러므로 문제없는 영역이야말로 서로에게 즐거운 대화를 저축하고 행복한 데이트를 함으로써 문제없는 영역을 넓혀갈 중요한 타이밍이다.

아울러 상대방이 문제 소유를 했을 때, 그 마음을 알아주는 반영적 경청이 아닌 다른 말을 하다보면 의사소통의 걸림돌이 되므로, 말해주고 싶은 '정보제공'이나 '교육내용' 등이 있다면 잘 기억했다가 문제없는 영역에서 전달해야 한다. 그럴 때 부모나 리더의 소통은 들을 때와 말할 때를 잘 구분하는 매우 전문적인 수준이 된다.

부모학교에서 훈련받던 어느 가정의 예를 들어 설명해보기로 하자. 공원에서 채집한 곤충을 집안에서 키우고 싶어 하는 아들과 곤충을 무서워하는 엄마의 대화이다.

아들 : 엄마, 나 이 공벌레, 집에서 키우면 안 돼?

엄마 : 공벌레를 집에서 키우고 싶구나. (반영적 경청)

아들 : 놀이방에서만 집 만들어주고 놀게. 키우면 안 돼?

엄마 : 사실 엄마는 곤충도 벌레도 너무너무 무서워. 공벌레가 놀이
　　　방에 있으면 / 아들이랑 놀고 싶어도 그 방에 못 들어갈 것
　　　같고 / 무서워. (나 전달)

아들 : 응 그래 알았어. 마당에서 키울게.

문제없는 영역 활용법

이 대화를 살펴보면 아들이 문제 소유를 했을 때는 엄마가 반
영적 경청을, 엄마가 문제 소유를 했을 때는 나 전달을 정확히
전달해서 매우 효과적인 소통이 되었다.

그런데 문제는 아들이 요즘 부쩍 곤충 채집에 관심이 많아져,
움직이는 건 모두 잡아 올 기세라는 것이다. 잡아 온 곤충들이
한 시간 후쯤에는 아무 움직임이 없어, 생명의 존엄성에 대해 말
해주고 싶은데 언제 어떻게 전달하는 것이 좋을까 하는 엄마의
질문이 있었다.

그럴 때는 저녁 식사 후나 며칠 지나서 아들도 엄마도 기분이
좋은 문제없는 영역에서, 교육하고 싶은 내용 또는 곤충에 대해
정보제공을 해준다면 아주 효과적이고 전문적인 소통이 될 수

있다.

"곤충을 좋아하는 우리 아들에게 엄마가 꼭 하고 싶은 말이 있어. 네가 벌레나 곤충을 잡아올 때마다 '아야! 아야!' 하는 소리가 들리는 것 같아. 곤충이 말은 못해도 생명이 있는데, 네 마음대로 잡아오고 가지고 놀면 아프단다. 아파하다가 죽기도 하고."

이 부분에서 정보제공이 아닌 "그러니까 그만 잡아와!"라는 지시적 언어나 통제언어로 끝맺지 않는 것이 매우 중요하다. 이렇듯 문제없는 영역은 다른 영역에서 할 수 없었던 좋은 교육이나 정보 등을 전달할 수 있는 영역이며, 아울러 '긍정적 나 전달', 즉 '감사의 나 전달'을 전달함으로 더욱 문제없는 영역을 풍성하게 넓혀갈 수 있는 기회가 된다. 긍정적 나 전달은 내가 문제 소유 했을 때 사용하는 '직면적 나 전달'과 그 구조가 똑같지만 문제없는 영역에서 사용하는 것이다.

이 사례에서 아들이 엄마의 '나 전달'을 듣고 나서 "응, 그래. 알았어. 마당에서 키울게"라고 대답했을 때, 이미 아들과 엄마의 상태는 문제없는 영역으로 옮겨가고 있다. 그러므로 "아들이 마당에서 키우겠다고 하니까 / 엄마의 무서운 마음을 잘 알아주는 것 같아서 / 정말 고맙다"라고 긍정적 나 전달로 마무리한다면 둘의 관계는 더욱 따뜻한 친밀감으로 가득하고, 엄마의 긍정적 나 전달로 인해 아들은 매우 뿌듯할 것이다.

감사의 나 전달로 감사와 사랑을 전하라

사모가 주일학교 교사들, 셀 리더들에게 "애쓰셨어요"라는 짧은 인사를 건네도 좋지만, "매년 영아부에서 섬겨주시니, 영아부가 든든해요. 정말 감사합니다"라는 '긍정적 나 전달'은 그 성도로 인해 사모가 얼마나 어떻게 감사한지 효과적으로 전달할 수 있다. 좋은 관계 안에서 사모와 성도가 피차 더욱 성령으로 충만해지리라 믿는다.

무엇보다 긍정적 나 전달은 부부 사이에 더욱 필요한 의사소통 기술이다. 상대방의 어떤 행동이, 나에게 어떤 영향을 주어, 감사와 행복을 느끼게 했는지를 전달하는 표현이기 때문이다. 그저 '고맙다', '잘했다'라는 말과는 그 영향력이 매우 다르다. 그래서 부부 사이에 날마다 감사의 나 전달인 긍정적 나 전달이 필요하다. 부부간에 감사가 적립될 것이고, 부부의 친밀감이 무럭무럭 자랄 것이다.

남편과 새벽기도를 갈 때면, 남편은 내가 차 문을 열고 앉기 전에 내 좌석에 있는 동그란 양털 방석을 매만져주곤 했다. 이리 돌려도 동그랗고, 저리 돌려도 동그란 그 방석을 내가 앉기 전에 꼭 반듯하게 놓아준다.

나는 긍정적 나 전달을 꼭 해야겠다고 생각했다.

"여보, 당신이 내가 앉기 전에 꼭 방석을 만져주니 / 내가 추울까봐 걱정해주는 것 같아서 / 정말 고마워요"라고 하자 남편이 "응" 하고 대답한다. 다음 날에도 "당신이 오늘도 내 방석을 매만져주니 / 나를 위해주는 것 같아서 / 오늘도 고마워요"라고 했더니 뒤에 앉아 계신 시어머니께서 "허음! 허음!"을 연발하시며 "야들이 새벽부터 시작이다"라고 하시지만, 어느 날인가 어머니가 이렇게 말씀하셨다.

"나는 너그 아버지랑 너무 가난해가 늘 다투는 줄 알았다. 그런데 너들 사는 걸 보이 저래 살 수가 있구나 싶응기…. 우리는 왜 그래 살았으꼬."

감사를 말하려면, 상대방의 의도와 행동을 절대 당연하게 받아들이지 않는 태도가 필요하다. 아울러 상대방으로부터 감사의 말 한마디를 들으려면, 나의 크고 작은 섬김과 사랑이 있어야 한다. 여기에서 상대방이란 내 곁에 있는 배우자, 자녀, 성도들 모두가 해당된다.

아울러 감사를 말할 때마다 내 말을 듣고 계신 하나님을 기억해야 한다. 하나님의 귀에 들린 대로 더욱 나에게 감사의 제목이 넘치게 하실 하나님을 꼭 기억하기를 바란다.

5장에서 배운 의사소통의 기술을 정리해보자. 특별히 목회자나 사모에게 꼭 필요한 소통의 기술은 ① 문제 소유 가리기부터 시작해서 ② 기본적 경청의 자세, ③ 반영적 경청, ④ 긍정적 나전달까지이다. 물론 가정 안에서는 ⑤ 나 전달도 꼭 필요한 소통 기술이다. 용사의 손에 들린 무기처럼 다윗의 손에 들린 물맷

돌처럼 자유자재로 사용할 수 있는 또 하나의 훈련이 되기를 바란다. 사모가 하나님께서 원하시는 관계를 맺어가기 위해서 반드시 필요한 훈련이다.

사모 면허 2
하나님과의 생명의 교제와 전수

사모가 말씀 묵상으로
훈련되어야 하는 이유

소명교육개발원의 대표인 신동열 목사는 저서《소명에 답하다》
(예수전도단)에서 "소명을 좇는다는 것은 이러이러하게 살아야
한다는 의무나 당위성에 끌려다니는 것이 아니라, 하나님과 기
쁘게 동행하며 살았더니 소명이 성취되더라고 고백하는 것이다"
라고 이야기한다. 마찬가지로 많은 사람이 각자 사모는 이러이
러해야 한다고 이야기하지만, 그런 의무와 당위성으로 소명의
길이 시작된다면 사모는 머지않아 길을 잃거나 탈진하게 될 것
이다.

십자가에서 만난 주님의 사랑을 잊지 않으려는 몸부림과 함
께, 말씀 안에서 하나님과 깊이 교제하며 기쁘게 동행할 때 사모
의 소명은 온전히 이루어질 것이다. 누구나 그렇지만, 사모의 소
명은 누구보다도 더욱 말씀과 기도로 하나님과 기쁘게 교제하

며 동행하는 것에서 시작되어야 한다. 'Doing'이 아니라 'Being'
이다.

나는 좋은 성도인가?

우리 가족은 나를 제외하고는 모두 한 학교를 졸업한 동문이
다. 남편도, 큰 사위도, 큰딸도, 작은딸도 모두 총회신학대학원
출신들이다. 여덟 살 터울인 두 딸 모두 아빠가 하늘나라로 떠
난 후에 신학대학원에 입학했기에, 나는 거의 6년 동안 매 학기
아이들의 기숙사에 짐을 실어다주고, 또 방학이면 짐을 가지러
가야 했다.

갑작스러운 아빠의 죽음 앞에서도 오직 하나님의 부르심을
따라 그곳에서 공부하고 기도하는 딸들을 만나러 가는 날이면
나는 늘 마음이 설레고 슬프면서도 아름다웠다. 딸들의 짐을 가
지러 갈 때마다 조금 일찍 도착해서 학교를 한 바퀴 걷기도 하
고, 소래교회에 들어가 앉아 선조들을 생각하며 가슴 뜨거운 기
도를 드리곤 했다.

기숙사 언덕으로 올라갈 때면 커다란 바위에 새겨진 학교의
교훈이 눈에 뜨인다. "교훈, 신자가 되라, 학자가 되라, 성자가
되라, 전도자가 되라, 목자가 되라." 이를 볼 때마다 맨 앞에 '신
자가 되라'라는 말씀이 마음에 쿵 하고 와닿는다. 그렇게 쓰여

있지도 않은데, 매번 "학자가 되고, 성자가 되고, 전도자가 되고, 목자가 되려면 먼저 신자가 되어라"라고 읽힌다. 사실 아무리 훌륭한 학자요 목회자라 할지라도 좋은 신자부터 되어야 할 것이고, 사람으로 태어나서 신자가 되는 것보다 더 큰 영광이 어디에 있겠는가!

마찬가지다. 사모도 좋은 성도가 되면 될 일이다. 사모라는 이름으로 지레 겁을 먹을 때가 많지만, "신자가 되라"라는 교훈처럼 "나는 좋은 성도인가?"를 물으며 한 걸음씩 걸어가면 될 일이다.

하나님과의 교제가 살아나는 신앙

나는 《부모 면허》 6장에서 다음과 같이 말했다. "하나님께서는 인간을 '하나님의 말씀을 듣고 응답하는 존재'로 창조하셨다. 우리는 하나님의 말씀인 성경을 통해 그분의 음성을 듣고 주님의 뜻을 깨닫는다. 그 뜻을 깨달은 우리는 순종의 삶과 기도로 하나님께 응답한다. 우리는 하나님의 말씀을 통해 그분과 생명의 교제를 나누는 것이다. 이것은 인간만이 누리는 큰 영광이자 특권이자 의무이다."

그렇다. 우리는 성도라면 누구나 말씀으로 하나님과 교제하는 법을 배워야 한다. 그리고 훈련되어야 한다. 그럼에도 불구하고 교회에는 꾸준히 나오는 성도인데, 말씀을 가까이하지 않는 성도들이 꽤 많은 것을 볼 수 있다. 주일에 다 같이 드리는 대예배나 수요예배는 열심히 드리면서도, 말씀과 기도를 통해 하나님과 일대일로 만나고 교제하는 삶에는 관심이 없는 성도들이 많다.

그러나 하나님과 교제하지 않던 성도들도 부모학교에 나와 하나님의 말씀을 묵상하고, 짧은 제목을 만들어 종일 그 말씀을 기억하고, 그 말씀으로 기도하고, 그 말씀을 가족이나 성도들과 나눌 때, 그들의 삶이 놀랍게 변화되는 것을 늘 목도하곤 한다. 신자로서의 삶이 강해지고 윤택해진다. 자녀들의 교육이나 진로 문제로 염려가 가득하던 여자 성도들도, 직장의 풀리지 않는 어려움으로 몸과 마음이 지쳐 있던 남자 성도들도 정결해지고, 강해지며, 겸손한데 그토록 멋있어질 수가 없다. 늘 보던 얼굴이지만, 말씀 묵상을 통해 하나님과의 교제가 살아난 그들의 얼굴에는 하나님의 빛이 어려 전혀 달라 보인다.

하나님과 말씀을 따르는 삶

나는 얼마 전, 열왕기하의 말씀 묵상을 마쳤다. 열왕기하의 말씀을 덮으며 오직 한 사람 요시야 왕이 나의 기억에 선명하게 남았다. 북이스라엘과 남유다의 수많은 왕들이 대를 이어 하나님 앞에 악을 행하거나 하나님 앞에 잘 살다가도 곁길로 빠졌다는 실망스러운 기록을 남길 때, 오직 한 사람 요시야 왕은 8세에 왕이 되어 "주님께서 보시기에 올바른 일을 하였고, 그의 조상 다윗의 모든 길을 본받아, 곁길로 빠지지 않았다"(왕하 22:2 새번역)라는 하나님의 평가를 남기고 있다. 심지어 그는 남유다의 극악한 왕 므낫세의 손자이다.

그는 26세 되던 해에 성전에 파손된 곳을 수리할 것을 명령하였다. 그 과정에서 힐기야 제사장이 율법책을 발견하고, 그 말씀을 읽고 듣게 된 젊은 왕 요시야는 애통해하며 자기의 옷을 찢었다. "우리 조상이 이 책의 기록대로 복종하지 않았으므로 우리에게 내리신 주님의 진노가 크다"라고 고백한다. 그때부터 모든 백성들에게 율법책의 말씀을 읽어주었고, 언약의 말씀을 지킬 것을 맹세하게 하였다. 뿐만 아니라 수많은 가증한 우상과 산당과 북이스라엘의 여로보암이 벧엘에 만든 제단에 이르기까지 모든 척결할 것을 척결하고, 사사시대로부터 어느 시대에도 없었던 '주님을 기리는 유월절'을 지켰다.

그 후 요시야 왕은 전쟁터에서 죽음을 맞이한다. 그뿐인가. 요시야의 아들들은 언제 그랬냐는 듯 곧바로 주님께서 보시기에 악한 길로 돌아서버렸다. 요시야의 치열했던 삶과 개혁이 허무해 보이기까지 했다. 그러나 하나님은 북이스라엘과 남유다 가운데 요시야 왕을 두서서, 열왕기서를 읽고 묵상하는 우리에게 '하나님과 말씀을 따르는 삶'을 보게 하시는 분이다. 요시야 왕을 통해, 칠흑같이 어두운 이 땅에서 끝내 내가 걸어갈 길을 알려주시는 분이다. 말씀 가운데서 그렇게 살아야 하고, 그렇게 살 수 있다고 도전하시고 일으켜주시는 분이다.

나는 열왕기하의 묵상을 끝내며, 말씀으로 살아낸 멋진 요시야 왕에게 너무 고마웠다. 나와 그리고 나와 관계된 사람들이 말씀 안에서 척결할 것을 척결하고, 말씀으로 주님을 기리는 요시야이기를 여러 날 동안 눈물로 기도하였다.

그러나 그대는 그대가 배워서 굳게 믿는 그 진리 안에 머무십시오.

딤후 3:14 새번역

하나님은 사모가 하나님의 말씀을 배워서, 굳게 믿고, 그 말씀 안에 머물기를 바라시는 분이다. 그것이 하나님과의 살아 있는 교제이며, 사모로서의 소명을 온전히 이루어드리는 길이다. 사모가 취득해야 할 두 번째 면허는 '말씀 묵상과 말씀 묵상으로 세우는 가정예배'이다.

말씀 묵상을
훈련하는 삶

많은 사모님들이 이미 말씀을 묵상하고 있으리라 믿는다. 그럼에도 불구하고 여기에 말씀 묵상의 유의점 및 말씀 묵상의 실제적 방법을 다시 한번 기록하는 이유는, 내가 예수님을 알게 되면서부터 시작했던 40여 년간의 말씀 묵상 방법 중에서 하나님을 알아가고, 주시는 말씀을 간직하는 데 가장 효과적인 방법을 소개하고 싶어서다. 물론 커다란 차이점은 아니다. 하지만 작은 차이가 만드는 강력한 은혜가 있기 때문이다. 실제로 부모학교 수강생들도 3학기 때 배우는 '말씀 묵상과 말씀 묵상으로 세우는 가정예배'를 통해, 부모학교를 통한 변화 중 가장 큰 변화를 경험했다고 간증하고 있다.

말씀 묵상을 훈련하는 7단계

7가지로 말씀 묵상을 훈련하는 삶을 소개하고자 한다.

1. 일정한 시간과 장소를 정한다

말씀 묵상의 시작은 조용하고 방해받지 않는 일정한 시간과 장소를 정하는 일이다. 시간 사용의 우선순위를 정하는 매우 중요한 일이기도 하다. 말씀을 묵상하지만, 끝내 일정한 시간과 장소를 정하지 않고 시간이 나는 대로 말씀을 묵상하는 사람들이 있다. 시간의 우선순위가 정해져 있지 않으면 오래 지속하기가 어려운 것이 사실이다. 시간과 장소를 정하는 일은 '말씀 묵상을 지속'하는 데 있어서 매우 중요하다.

사모들은 새벽기도 후 아침 식사 전후에 말씀을 묵상하는 것도 좋다. 요즘은 말씀 묵상집의 본문이 새벽기도 설교의 본문이기도 한 교회들이 늘어나고 있다. 그런 경우에는 내일 본문을 하루 전날 묵상하여, 목사님의 본문 설교를 듣기 전에 말씀을 묵상하는 것이 좋다. 말씀 묵상 본문에 대한 설교, 또는 타인이 해놓은 묵상을 먼저 듣거나 읽다보면, 말씀 묵상 훈련에 도움이 되지 않기 때문이다.

2. 기도로 나아간다

정해진 시간과 장소에서 말씀이나 말씀 묵상집을 펼쳤다면,

가장 먼저 주님 앞에 기도로 나아간다. 오늘도 말씀을 통해 만나주시고, 말씀해주시고, 특별히 성령 하나님께서 말씀을 깨닫게 해주시고, 종일 그 말씀을 소중히 기억하며, 청종할 수 있도록 은혜 베풀어주시기를 기도한다.

3. 본문 읽기

이제 본문을 두세 번 읽는다. 무슨 내용인지 파악하며 읽는다. 스토리가 있는 구약이나 복음서의 경우에 육하원칙(누가, 언제, 어디서, 무엇을, 어떻게, 왜)을 생각하며 읽는 것도 도움이 된다.

스토리가 없는 본문의 경우에는 반복되는 동사나 명사가 있는지를 살펴보는 것도 도움이 된다. 반복이 아니라 열거되는 경우도 있다. 예를 들어 디모데전서 6장을 묵상하다보면 '피하라', '따르라', '싸우라', '얻으라', '지키라' 등의 동사들이 열거된 것을 발견할 수 있는데, 본문을 묵상하는 데 도움이 된다.

말씀을 묵상할 때는 본문을 읽을 뿐 아니라, 본문의 전후 맥락을 읽어서 알아야 한다. 성경을 여러 번 통독하지 않은 경우에는 말씀 묵상집에 안내된 '본문에 대한 이해' 등을 읽어서 본문의 내용을 충분히 이해한 다음 묵상을 시작하는 것도 좋다.

4. 기록하기

본문을 읽은 후에는 일단 펜을 잡고 기록한다.

① "하나님은 어떤 분이신가?"라고 쓴다. 그리고 본문에서 하나님은 어떤 분이신지를 찾아 그 밑에 기록한다. 이때 "하나님은 …하신 분이다. 하나님은 …하기를 원하시는 분이다"라는 문장구조로 기록한다.

② "오늘 나에게 주시는 말씀은?"이라고 쓴다. 그리고 본문에서 나에게 주시는 말씀을 찾아서 그 밑에 기록한다. 이때 "…라고 말씀하신다"라는 문장구조로 기록한다.

여기서 권면하는 '문장구조'가 습관이 될 때까지 반드시 사용해보기를 강권한다. 아주 작은 차이지만, 하나님이 어떤 분이신지, 또 어떤 것을 원하는 분이신지에 대해서 명확히 알게 된다. 그리고 본문을 통해 나에게 주시는 말씀도 매우 선명해지는 역사가 있다.

이런 방식으로 기록하다보면, 말씀 묵상의 은혜가 매우 명확하고 강력해진다. 미사여구를 찾아 길게 쓰려고 하지 말고, 되도록 '성경 말씀을 오려내듯' 본문에서 찾아내어 쓰는 것이 좋다. 로마서 1장 16절 말씀을 예로 들어 설명하면 다음과 같다.

내가 복음을 부끄러워하지 아니하노니 이 복음은 모든 믿는 자에게 구원을 주시는 하나님의 능력이 됨이라 먼저는 유대인에게요

그리고 헬라인에게로다 롬 1:16

① 하나님은 어떤 분이신가?

하나님은 모든 믿는 자에게 구원을 주시는 분이다. ○

모든 믿는 자에게 구원을 주신다. ✕

② 오늘 나에게 주시는 말씀은?

복음은 구원을 주시는 하나님의 능력이라고 말씀하신다. ○

복음은 구원을 주시는 하나님의 능력이다. ✕

그러니 복음을 부끄러워하지 말라고 말씀하신다. ○

그러니 복음을 부끄러워하지 말라. ✕

5. 짧은 제목 정하기

기록의 마지막 단계에서 짧은 제목을 정하여 기록한다. 한 호흡 정도의 짧은 제목을 정하는 이유는 묵상한 말씀을 '기억하기' 위해서다.

아침에 말씀을 묵상하고 나서 성경을 덮는 순간 그 말씀을 잊어버리거나 하루 종일 기억하지 않는다면, 진정한 말씀 묵상의 유익을 놓치게 된다. 운전할 때, 식사 기도할 때, 설거지할 때, 잠자기 전에 기도할 때 등 일터나 가정에서 잠시 여유 있을 때마다 오늘 주신 말씀을 짧은 제목으로 종일 기억하려고 노력한다면, '소의 되새김질'이 소에게 강인한 힘과 윤택함을 남기듯 우리의 신앙에도 강인함과 윤택함이 쌓여간다.

부모학교에서 말씀 묵상을 훈련할 때 수강생들이 휴대폰 배경화면에 말씀의 제목을 깔아놓고 보기도 하고, 손목에 써놓고 수시로 보기도 하고, 두 시간마다 알람을 설정해놓고 그때마다 묵상한 말씀의 제목을 기억하는 모습도 보았다. 말씀을 잊지 않고 종일 기억하려는 눈물겨운 노력들이다. 말씀을 종일 품고 기억하는 삶과 그렇지 않은 삶은 절대 같을 수가 없다.

6. 주신 말씀으로 기도하기

매일 기도하면서도 우리는 늘 같은 기도 제목으로 기도할 때가 많다. 나의 정욕으로 구할 때도 많다. 나의 남편, 나의 자녀를 위해 기도할 때면 더욱 그렇다. 그렇게 기도할 때마다 하나님께서 내 기도를 들어주시려나 하는 불안한 마음이 들 때도 있다. 그러나 묵상한 말씀으로 기도를 시작해보라. 기도의 강력을 체험하게 될 것이다.

특별히 오늘 묵상한 말씀으로, 나와 내가 기도하는 한 사람한 사람을 덮어가며 기도해보라. 오늘 내가 묵상한 말씀의 제목은 "하나님께만 도움이 있다"이다. 그러면 기도할 때 사위를 위해서도, 큰딸을 위해서도, 작은딸을 위해서도, 어린 손주를 위해서도 오직 하나님께만 도움이 있음을 기억하는 삶이기를 간절히 기도한다.

이렇게 말씀 묵상 때 주신 제목으로 자신과 가족들과 영혼들을 덮으며 기도하기 시작하니, 쓸데없는 근심이 없어지고 기도에 힘이 생겼다는 간증을 자주 듣는다.

7. 말씀의 은혜 나누기

말씀을 묵상하기 전에 일정한 시간과 장소를 정해서 시간의 우선순위를 확보하는 일이 말씀 묵상을 지속하게 하듯이, 말씀을 묵상한 후에 말씀의 은혜를 나눌 사람이 있느냐 하는 것도 말씀 묵상을 지속할 수 있는 비결이 된다.

나 역시 미혼일 때는 교회 대학부의 리더들, 제자들 또는 친구들과 말씀 묵상의 은혜를 나누었는데, 결혼하여 사모가 되고 나니 말씀 묵상을 함께 나눌 만한 사람을 찾기가 결코 쉽지 않았다. 나눌 사람이 없으니, 말씀 묵상을 지속하기가 어려웠다. 말씀 묵상을 지속하기 위해서라도 나눔이 꼭 필요하다는 것을 확실하게 깨달았다.

그래서 생각해낸 나눔의 대상이 바로 나의 자녀들이었다. 가정이라는 한 공간에서 오랜 시간을 함께 생활하며, 자녀들에게 말씀 묵상하는 법을 안내해주고, 그 은혜를 함께 나누며, 은혜 나누는 그 시간을 가정예배로 세워갔다. 그러다보니 부모와 자녀 모두 하나님의 말씀으로 하루하루를 살아갈 수 있었고, 서로 체크하며 북돋아 일으킬 수 있었고, 진정한 말씀의 공동체를 이루게 되었다.

나는 요즘 부모학교에서 말씀 묵상을 훈련할 때마다 이 말을 자주 하곤 한다. 이렇게 3년만 말씀 묵상을 해보라고. 이전의 삶과 이후의 삶은 결코 같을 수가 없다고. 사모에게도 반드시 해당하는 말이다.

말씀을
기억하는 삶

호세아는 하나님은 우리를 찢으셨으나 '다시' 싸매어주시고, 우리에게 상처를 내셨으나 '다시' 아물게 하시는 분이요, '다시' 살려주시고 '다시' 일으켜 세우실 분이니 하나님께 돌아가자고 호소한다.

이제 주님께로 돌아가자. 주님께서 우리를 찢으셨으나 다시 싸매어 주시고, 우리에게 상처를 내셨으나 다시 아물게 하신다. 이틀 뒤에 우리를 다시 살려 주시고, 사흘 만에 우리를 다시 일으켜 세우실 것이니, 우리가 주님 앞에서 살 것이다. 우리가 주님을 알자. 애써 주님을 알자. 새벽마다 여명이 오듯이 주님께서도 그처럼 어김없이 오시고, 해마다 쏟아지는 가을비처럼 오시고, 땅을 적시는 봄비처럼 오신다. "에브라임아, 내가 너를 어떻게 하면 좋겠느냐? 유다야, 내가 너를 어떻게 하면 좋겠느냐? 나를 사랑하는 너희의 마음은 아침 안개와 같고, 덧없이 사라지는 이슬과 같구나. 호 6:1-4 새번역

주님은 새벽마다 여명이 오듯이 '어김없이' 오시고, 주님은 해마다 쏟아지는 가을비처럼 '어김없이' 오시고, 주님은 땅을 적시는 봄비처럼 '어김없이' 오시니 그 하나님께 돌아가고, 그 하나님을 알아야 한다고 호소한다. '어김없는' 주님의 사랑 앞에 돌아가기만 하면 '다시' 시작할 수 있으나, 입으로는 하나님을 사랑한다 하지만 우리의 마음은 아침 안개와 같고 덧없이 사라지는 이슬 같다고 말씀하신다.

'다시'와 '어김없이' 이 두 단어로 하나님을 다 표현할 수 없겠지만 두 단어만으로도 하나님의 용서와 신실하심과 사랑이 깊이 느껴진다. '다시'와 '어김없이'라는 두 단어가 이렇게 은혜 가득한 표현인지 이 말씀을 묵상하기 전에는 알지 못했다. 그와 같으신 하나님 앞에, 아침 안개와 덧없이 사라지는 이슬 같은 우리의 마음이 극명하게 대비된다. 그런 죄인을 사랑하시는 하나님의 아픈 마음이 느껴진다.

하나님의 말씀을 기억하라

내가 처음 하나님과 그 사랑을 알게 되었을 때, 내게 가장 소

중하게 다가온 단어가 있었다. 그것은 '기억'이라는 단어였다. 하나님을 알기 전에는 큰 의미가 없던 기억이라는 단어가 세상에서 가장 갖고 싶은, 나의 것이기를 바라는 단어가 되었다. 부디 하나님과 그분의 사랑을 늘 기억하기를, 영원히 기억하기를, 절대 잊는 순간이 없기를 간절히 바라고 또 바랐다.

내가 40대 중반쯤 되었을 때, 말씀 묵상의 은혜를 요약해서 짧은 제목을 만들어보라고 권면하는 어느 선배 사모님을 만나게 되었다. 그때부터 묵상한 말씀에 짧은 제목을 정해보고, 그 제목으로 온종일 말씀의 은혜를 기억하고자 노력하게 되었다.

하루 종일 말씀을 기억하려고 노력하는 그 노력은 상상 이상의 선물을 안겨주었다. 처음에는 내가 하나님의 말씀을 기억하려고 애를 썼지만, 점점 더 하나님의 말씀이 나를 붙잡고 가는 강력한 힘을 느끼게 되었다. 말로 표현할 수 없는 성령의 충만함과 하나님의 기쁨 속에 거하게 되는 것을 느낄 수 있었다.

내가 처음 예수님을 영접하고 교회에 다닐 즈음에는 말씀 묵상을 하고 나면 꼭 적용하라고 가르쳤다. 여기서 적용이란, 오늘의 말씀을 묵상하고 나니 회개할 것은 무엇인지, 하지 말아야 할 행동은 어떤 것이 있는지, 앞으로 어떻게 행동할 것인지 등을 생각해보고 기록하고 실행하는 것이다.

그렇게 배우고 나니, 말씀 묵상을 하고 나면 '다시는 이런 행동을 하지 말아야겠다', '이런 생각을 한 것을 회개한다', '꼭 이렇게 행동해야겠다' 등의 다짐을 기록할 때가 많았다. 그러나 아무리 다짐하고 회개해도 쉽게 변하지 않는 행동이나 생각으로 괴로웠고, 그렇게 말씀을 묵상하다가 지쳐 그만두는 청년들이 내 주위에 정말 많았다.

그런데 점차 나이를 먹어가면서 이런 생각이 들기 시작했다.

'이 귀하디 귀한 하나님의 말씀을 묵상하고 나서 나에게 남는 것이 하나님의 말씀이 아니라 나의 다짐과 고쳐야 할 행동이라니! 하나님의 말씀 자체를 기억하자.'

그래서 짧은 제목으로 묵상한 말씀을 기억하는 일이 시작되었다. 그렇게 말씀을 묵상하니 제목으로 말씀을 기억하는 하루 하루가 참 행복했다.

말씀을 기억하는 삶

여기에 요즘 묵상했던 말씀의 제목들만 적어보았다. 그날그날 종일 기억했던 짧은 제목들이다. 다시 한번 읽어보는 것만으로도 나는 마음이 설레고 영이 뜨거워진다.

"오직 복음에 맞는 건전한 교훈"

"행악자를 사도 되게 하신 주님"

"하나님을 기억하는 행실"

"악마의 올무에 걸릴 것이 없게 하라"

"자기 자신과 자신의 가르침을 살피라"

"모든 선한 일에 몸을 바쳐"

"끝내 지킬 것이 있다"

"능력, 사랑, 절제의 영"

"구원과 부르심"

"들은 복음을 전수하라"

"경건의 능력이 없는 경건한 사람"

"배워서, 굳게 믿고, 그 안에 머물라"

"너의 직무를 완수하라"

"버릴 수 없는 내 사랑, 이스라엘"

"하나님이 주신 것으로 범죄하는 이스라엘"

"왕이 나의 신랑이시다"

"하나님의 백성이여, 하나님을 힘써 알라"

"제사보다 하나님 알기를 더 원하시는 분"

"하나님께만 도움이 있다"

말씀을 적용하는 삶이 아니라, 말씀을 기억하는 삶이다. 말씀을 종일 기억하는 삶은 "너희가 내 안에 거하고 내 말이 너희 안에 거하면 무엇이든지 원하는 대로 구하라 그리하면 이루리라"(요 15:7)라고 하신 바로 그 삶이다. 그래서 말씀을 기억하는 삶에는 말씀의 강력이 따라붙는다. 날마다 강해지고, 감격스러운 성령의 은혜가 부어지고, 열매가 맺힌다. 일부러 적용하려 하지 않아도, 결국 말씀을 살아내는 원동력이 된다. 말씀을 기억하는 삶은 반드시 사모가 살아내야 할 삶이다.

말씀과 기도를
전수하는 삶

하나님의 나라에서 전수(傳授), 즉 전해주고 받는다는 개념은 매우 중요하다. 특별히 말씀과 기도의 전수는 그 어느 것보다도 중요하다. 그렇다면 사모는 과연 누구에게 어떻게 말씀과 기도를 전수할 것인가? 목회자는 성도 앞에서 '말씀과 기도를 선포하고 가르치며' 전수한다면, 사모는 가정에서 자녀들에게 '말씀과 기도로 살아내며' 전수한다.

말씀 묵상의 전수와 가정예배
이 나이까지 살아보니, 사모의 부모로서의 신앙의 전수는 결국 교회와 성도들에게로 흘러갈 수밖에 없다는 것을 알게 되었다. 은밀하고 위선적인 신앙이 싹트고 자라기 쉬운 것은 목회자의 가정도 예외가 아니므로, 목회자와 사모가 가정에서 살아낸 믿음의 삶은 오직 하나님을 사랑하여 하나님 앞에서 살아낸 삶이다. 그러므로 그 귀한 삶은 좋은 영향력이 되어 교회로, 성도들에게로 반드시 흘러간다.

그래서 사모의 '말씀과 기도'를 전수하는 삶은 매우 중요하다. 사모로서 많은 시간을 기도와 말씀 속에서 살았지만, 그 구체적인 방법이나 경험을 자녀에게 전수하지 않는다면, 그보다 더 아까운 일이 어디에 있겠는가. 대박집 사장님이 자녀에게 그 비법을 전수하지 않은 것보다 더 애석한 일일 것이다.

자녀가 초등학생이 되어 한글을 읽고 쓸 수 있게 되면 'ABC 방법'(《부모 면허》 257-258쪽을 참고하라)으로 말씀을 묵상하는 것이 효과적이다. 그때부터 말씀 묵상을 '기록하고', 기록한 것을 중심으로 부모와 말씀 묵상의 은혜를 '나누게 되므로' 매우 중요한 시기이다. 곁에서 부모가 잘 안내해주어서, 자녀가 말씀 묵상하는 것에 흥미를 느끼고 숙달될 수 있도록 도와주어야 한다. 이때의 습관이 자녀의 평생에 이르며, 많은 사람에게 전수될 것이기 때문이다.

부모와 자녀가 일주일에 한 번 모여서, 각자 일주일 동안 묵상한 말씀 중에 가장 은혜가 되는 말씀을 나누는 시간이 '가정예배'가 된다. 물론 이때도 일정한 시간과 장소를 정해놓는 것이 중요하다. 온 가족이 또 한 번 시간의 우선순위를 세우는 결정을 해야 한다.

자녀가 초등학교에 입학하면 부모는 자녀의 공부 습관을 잡아주기 위해 휴직도 불사하는 모습을 보곤 한다. 그러나 자녀가 말씀 묵상과 기도로 하나님과 교제하는 습관이 잘 잡힌다면, 결국 자녀는 자신이 공부해야 하는 근본적인 이유를 알게 되고, 공부할 동기도 생긴다. 좋은 공부 습관도 중요하지만, 말씀 묵상과 가정예배의 좋은 습관이 더 중요하고 더 먼저다.

나는 자녀들이 장성한 지금까지 자녀들과 말씀 묵상의 은혜를 나누는 가정예배를 드리고 있다. 자녀들에게 말씀 묵상을 전수하다보니 가정예배의 전수도 일어난 것이다. 자녀들이 어릴 때는 어린 대로 말씀의 큰 은혜가 있었고, 자녀들이 모두 자라고 나니 그래서 또한 깊고 풍성한 은혜가 있다. 이런 형태의 가정예배는 자녀들이 하나님과 잘 교제하고 있는지 점검도 되고, 부모 역시 자녀들에게 모범을 보이다보니, 부모와 자녀가 매일 하나님과의 교제를 게을리하지 않는 평생의 습관이 된다.

나는 자녀들과 가까이 살고 있어서 얼굴을 맞대고 예배를 드리지만, 만약 사는 곳이 멀어진다면 시간을 맞추어 영상으로 은혜를 나누면 될 일이다. 자녀들이 결혼해서 그들의 자녀가 태어나고 초등학생이 되면, 자녀들은 그들의 자녀들과 가정예배를 드리면 된다.

기도하는 부모의 아름다운 뒷모습

나는 어릴 때 부모님이 기도하는 모습을 본 적이 없다. 도리어 절에서 합장하는 모습, 밤이나 새벽에 정화수를 떠놓고 치성을 드리던 엄마의 뒷모습을 보고 자랐다. 그래서 나의 자녀들에게 만큼은 살아 계신 하나님께 기도하는 부모의 모습을 보여주고 싶었고, 부모와 데이트하듯 즐겁게 기도를 가르쳐주고 싶었다.

시어머니를 모시고 살다보니 집에 찾아오는 손님이 많은 편이었다. 성도들은 새벽과 금요일 밤이면 교회에 나와 간절히 기도하는데, 사모인 나는 집에 손님이 와서 머무르거나 내 몸이 극도로 약해지면 새벽기도조차 참석할 수 없어 많이 괴로웠다. 그럴 때 나는 자녀 중 한 아이를 데리고 밤 기도를 하러 가곤 했다. '엄마가 기도하러 교회에 가고 싶은데 밤이라 좀 무섭다. 누가 엄마랑 같이 가줄래?' 하면 큰딸이 항상 '저요!' 하고 손을 들어주었다.

자녀를 데리고 밤 기도를 하러 가는 이유는 내가 겁이 많기도 하고, 사모로서 기도의 양을 채우고도 싶었고, 부모로서 자녀에게 기도를 보고 배우게 하고도 싶었기 때문이다. 캄캄한 밤 기도실에 작은 불이 켜지고 찬양의 곡조가 흐르니, 어떻게 알았는지 늦은 밤 학원에서 귀가하던 중고등부 학생들이 기도실에 들러 무릎을 꿇고 간절히 기도하기 시작했다. 지금도 그들의 아름다운 뒷모습이 눈에 선하다. 덕분에 초등학생이었던 큰딸은 엄마뿐 아니라, 교회 언니 오빠들이 그 밤에 교회 기도실에 들러 간절히 기도하는 모습을 볼 수 있었다.

자녀들이 아직 초등학교에 입학하기 전에는 남편과 기도원에 갈 때도 아이들을 데리고 가곤 했다. 물론 그런 날은 기도를 오래할 수는 없다. 그러나 아이들은 요즘도 기도원에서 퍼즐을 맞추며, 기도하는 아빠 엄마를 기다리던 그 때가 생각난다고 한다. 매일 하나님 앞에 기도하지만, 정확한 주님의 뜻을 알고 싶을 때, 기도의 양이 부족할 때, 주님의 임재 안으로 깊이 들어가고 싶을 때면 기도원에서 종일 하나님 앞에 앉아 있는 자녀들이 되기를 소망하는 마음이었다. 그래서 요즘도 중요한 일을 앞두었을 때 딸들과 함께 기도원에 가곤 한다.

말씀과 기도를 전수하는 삶

부모자녀지간에도 말씀과 기도를 전수하고 나면, 일찌감치 그들은 나의 동역자이다. 함께 기도하며 함께 말씀과 생활을 나누다보면 점점 더 같은 마음, 같은 뜻, 같은 영으로 하나가 되어 영의 동지(同志)가 된다.

내가 자녀들에게 말씀과 기도의 구체적인 방법을 안내하고 전수하던 그대로, 지금은 부모학교의 많은 부모에게 그 방법을 안내하고 전하고 있다. 나의 자녀들 역시 전수받은 말씀과 기도로 가정에서, 교회에서, 선교지에서 힘있게 가르치고 전하는 모습을 보면 세월이 얼마나 빠른지 느껴진다. 어느 목사님의 말씀이 생각난다.

"세월이 참 빨리 갑니다. 오직 한 번뿐인 인생, 그리스도의 일만이 영원합니다."

나 혼자 말씀을 묵상하고 나 혼자 기도하고 말았다면, 절대 일어나지 않았을 일들이다. 말씀과 기도를 전수하는 사모의 삶은 목회자의 가정에서뿐 아니라, 교회와 다음세대에게 또다시 '전하는 삶'을 불러일으킨다.

아직 남아 있는
사명

주님께서 엘리야를 회오리바람에 실어 하늘로 데리고 올라가실 때가 되었으나, 엘리사는 더욱 스승인 엘리야를 붙좇는다. 끝까지 따라가며 갑절의 영감을 구한다. 갑자기 불병거와 불말이 나타나서 그들 두 사람을 갈라놓더니 엘리야만 회오리바람에 싣고 하늘로 올라갔다. 엘리사가 그 광경을 보며 "나의 아버지! 나의 아버지! 이스라엘의 병거이시며 마병이시여!"(왕하 2:12 새번역) 하고 외친다. 선지자 생도들 역시 엘리야를 찾겠다고 사흘을 찾아다니다가 찾지 못하고 엘리사에게 돌아온다.

이 말씀을 읽을 때면 "나의 아버지! 나의 아버지! 이스라엘의 병거이시며 마병이시여!" 하며 엘리야를 부르던 엘리사의 외침 때문일까. 엘리야의 죽음이 안타깝다. 엘리사와 선지자 생도들에게는 더욱 아쉬운 스승과의 이별이었으리라.

모세도 마찬가지다. 아브라함과 이삭과 야곱에게 맹세하여 그 후손에게 주리라 약속하신 가나안 땅을 두루 보여주셨으나 "너는 그리로 건너가지 못하리라"라고 하시며 끝내 모압 땅에서 모세의 목숨을 거두어 가신다. 40년 동안의 광야생활을 천신만고 끝에 마쳤고, 시력도 기력도 쇠하지 않았지만, 지도자 모세는 약속의 땅을 바라보기만 해야 했다. 왜 그때 거기서 모세의 목숨을 거두어 가셔야만 했을까?

남편의 죽음과 사명

남편의 죽음도 내게는 안타깝고 아까웠다. 건강했고, '좋은 목자'이기를 소원하던 사람이다. 그러나 하나님께서는 남편이 56세가 되는 1월에 그를 데려가셨다. 너무나 급작스러운 일이었기에 성도들과 가족들 누구도 그의 죽음을 인정할 수가 없었다. 영안실 냉동고에 남편의 시신이 안치되었다는 통보를 듣게 되자, 어느 권사님께서 "우리가 아직 목사님 살려달라고 기도도 안 해봤는데, 어떻게 영안실에 안치할 수가 있느냐"라며 안 된다고 울부짖던 소리가 아직도 나의 가슴을 아프게 헤집는다.

나를 전도했던 친구가 장례식장에 찾아와 남편의 영정 사진을 보고 하나님 앞에 소리쳤다고 한다.

"하나님, 말도 안 돼요. 내 친구 어떻게 해요…."

그러자 하나님께서 친구의 입을 막으시며 이렇게 말씀하셨다고 한다.

"내가 책임진다. 염려 마라. 손 목사는 그 사명을 다했다."

장례식 후 친구는 자기가 들었던 하나님의 음성을 정성스레 써서 내게 메일로 보내주었다. 나는 남편이 사명을 다했다는 말씀도 이해가 되지 않았고, 심지어 하나님의 마음이 야멸차게 느껴졌지만 친구의 말을 듣고 확실하게 깨닫게 된 것이 있었다.

"남편이 그의 사명을 다해서 불러 가신 거라면, 나에게는 아직 남아 있는 사명이 있다는 말씀이다!"

사모로 보냄을 받은 사명자, 그 영광스러운 부르심

그 후 많은 사람으로부터 많은 위로의 말을 들었다. 자주 들었던 위로의 말은 "따님들 생각해서 건강하셔야 해요"였다. 우리 가족을 걱정하는 고마운 말이다. 그러나 나는 남편을 잃은 지 15년이 된 지금까지 딸들과 살았지만, 딸들을 위해서 살지는 않았다. 오직 나에게 남아 있는 사명을 알고 싶었고, 이루어드리고 싶었다. 목회자인 남편을 잃은 사모에게도 과연 남은 사명이 있을지, 있다면 어떤 사명일지 간절히 알고 싶었고 이루어드리고 싶었다.

우리 중에 어쩌다 태어난 인생은 아무도 없다. 하나님께서 예수 그리스도를 이 땅에 보내신 것처럼, 우리도 이 땅에 할 일이 있어 보냄을 받은 고귀한 존재, 즉 '사명자'다. 그러므로 이 땅에 살아 있다는 것은 아직 남아 있는 사명이 있다는 말이다.

사모는 누구보다도 더욱 보냄을 받은 소명적 존재이다. 목회자인 남편과 결혼했기 때문에 한 세트로 저절로 사모가 된 것이 아니다. 목회자인 남편과의 결혼을 통해서, 나를 사모로 지명하여 부르신 것이다. 하나님께서 나를 교회의 사모로 부르신, 단독자로 받은 사명이다. 외면할 수 없고, 게을리할 수 없는 영광스러운 부르심이다.

의인의 수고는 생명에 이르고 악인의 소득은 죄에 이르느니라
잠 10:16

그 수고는 생명에 이른다고 말씀하신다. 주님의 목회에 꼭 필요한 사람, 바로 사모의 삶이다.

사모 면허

초판 1쇄 발행	2025년 3월 17일
지은이	박인경
펴낸이	여진구
책임편집	이영주 박소영
편집	최현수 구주은 안수경 김도연 김아진 정아혜
책임디자인	정은혜	마영애 노지현 조은혜
홍보 · 외서	진효지
마케팅	김상순 강성민
제작	조영석 허병용

마케팅지원 최영배 정나영
경영지원 김혜경 김경희

303비전성경암송학교 유니계 과정
이슬비전도학교 / 303비전성경암송학교 / 303비전꿈나무장학회

펴낸곳   규장

주소 06770 서울시 서초구 매헌로 16길 20(양재2동) 규장선교센터
전화 02)578-0003   팩스 02)578-7332
이메일 kyujang0691@gmail.com
페이스북 facebook.com/kyujangbook
카카오스토리 story.kakao.com/kyujangbook
등록일 1978.8.14. 제1-22

홈페이지 www.kyujang.com
인스타그램 instagram.com/kyujang_com

ⓒ 저자와의 협약 아래 인지는 생략되었습니다.
이 출판물은 저작권법에 의해 보호를 받는 저작물이므로 무단 전재와 무단 복제를 할 수 없습니다.

책값   뒤표지에 있습니다.
ISBN 979-11-6504-600-2 03230

규 | 장 | 수 | 칙

1. 기도로 기획하고 기도로 제작한다.
2. 오직 그리스도의 성품을 사모하는 독자가 원하고 필요로 하는 책만을 출판한다.
3. 한 활자 한 문장에 온 정성을 쏟는다.
4. 성실과 정확을 생명으로 삼고 일한다.
5. 긍정적이며 적극적인 신앙과 신행일치에의 안내자의 사명을 다한다.
6. 충고와 조언을 항상 감사로 경청한다.
7. 지상목표는 문서선교에 있다.